ESPIRITUALIDADE EM FAMÍLIA

MICHELLE ANTHONY

ESPIRITUALIDADE EM FAMÍLIA

A importância dos valores bíblicos
na educação dos filhos

Traduzido por MARIA EMÍLIA DE OLIVEIRA

Copyright © 2010 por Michelle Anthony
Publicado originalmente por David C Cook, Colorado Springs, Colorado, EUA.

Os textos das referências bíblicas foram extraídos da *Nova Versão Internacional* (NVI), da Biblica Inc., salvo indicação específica. Eventuais destaques nos textos bíblicos e citações em geral referem-se a grifo da autora.

Todos os direitos reservados e protegidos pela Lei 9.610, de 19/02/1998.

É expressamente proibida a reprodução total ou parcial deste livro, por quaisquer meios (eletrônicos, mecânicos, fotográficos, gravação e outros), sem prévia autorização, por escrito, da editora.

CIP-Brasil. Catalogação-na-publicação
Sindicato Nacional dos Editores de Livros, RJ

A633e

Anthony, Michelle
Espiritualidade em família: a importância dos valores bíblicos na educação dos filhos / Michelle Anthony; tradução Maria Emília de Oliveira. - 1. ed. - São Paulo: Mundo Cristão, 2016.
176 p.; 21 cm.

Tradução de: Spiritual parenting: an awakening for today's families
ISBN 978-85-433-0147-1

1. Vida espiritual. 2. Espiritualidade. 3. Deus. 4. Fé. I. Título.

16-30915
CDD: 248
CDU: 2-584

Categoria: Família

Publicado no Brasil com todos os direitos reservados por:
Editora Mundo Cristão
Rua Antônio Carlos Tacconi, 79, São Paulo, SP, Brasil – CEP 04810-020
Telefone: (11) 2127-4147
www.mundocristao.com.br

1ª edição: junho de 2017

A meus filhos: Chantel and Brendon.
Vocês são a razão de eu querer ser uma mãe cheia do Espírito!
Obrigada por permitirem que eu conte "suas
histórias" e compartilhe a vida de vocês.
Ser mãe de vocês é um privilégio;
agradeço a Deus por isso todos os dias!

SUMÁRIO

1. No caminho do Divino   9
   Mais que controlar o comportamento

2. O que a rocha é?   23
   Uma fé transformadora

3. Um jardim e um grande cavalo branco   35
   O ambiente de contar histórias

4. Sangue real   49
   O ambiente da identidade

5. Ajuda dos amigos   65
   O ambiente da comunidade de fé

6. O que necessita ser feito?   79
   O ambiente de servir

7. Um coração dependente   93
   O ambiente fora da zona de conforto

8. Um reino que nos foi confiado   107
   O ambiente da responsabilidade

9. Disciplina que cura   119
   O ambiente da correção de rumo

10. Na altura dos olhos   135
    O ambiente de amor e respeito

11. Um relacionamento verdadeiro 147
O ambiente do conhecimento

12. Eu faço o que digo 159
O ambiente de ser exemplo de vida

Meus momentos "é isso!" deste livro 171

Notas 173

1

NO CAMINHO DO DIVINO

Mais que controlar o comportamento

Passamos grande parte de nosso tempo tentando encaixar Deus em uma grade e passamos muito pouco tempo permitindo que nosso coração se encha de êxtase. Quando reduzimos a espiritualidade cristã a uma fórmula, impedimos nosso coração de sentir essa maravilha.

DONALD MILLER[1]

No caminho do Divino

Quando eu era uma jovem mãe, queria desempenhar bem minha função de criar filhos. Bem, para ser sincera, queria ser uma mãe perfeita! Detestava errar, e não queria falhar nisso de maneira alguma. Queria que as pessoas olhassem com admiração para meus filhos e pensassem: "Puxa! Que mãe excelente!". Tentar agradar a todos com meu modo de criar filhos me deixou sobrecarregada. Era exaustivo.

Minha mãe e minha sogra não trabalhavam fora quando criaram seus filhos, nas décadas de 1950 e 1960. Eram como Mary Poppins: praticamente perfeitas em tudo! Quem poderia competir com essa tradição? Queria que elas pensassem que eu estava criando seus netos de forma ainda mais perfeita. Mas não parava por aí. Quando participava de um evento na igreja, eu queria que as mulheres ao redor pensassem que eu reunia todas as qualidades de uma boa mãe, a fim de que não notassem o pavor que eu sentia. Ficava imaginando até o que a balconista da mercearia — uma pessoa completamente estranha — pensaria de mim como mãe.

É claro que parte daquilo era orgulho, mas outra parte dizia que eu não queria criar meus filhos de modo errado ou prejudicial — ou até pior, deixar a desejar como mãe. Eu amava meus filhos e queria o melhor para eles.

Uma amiga íntima disse-me certa vez, mais ou menos em tom de brincadeira, que estava separando um pouco de dinheiro todos os meses enquanto os filhos eram pequenos para que um dia eles pudessem pagar sessões de terapia (em razão de sua forma errada de educá-los)! Embora esse modo de pensar nos faça rir, podemos entender como minha amiga se sentia. Ao dizer aquelas palavras, ela estava identificando quão importante, para o bem e para o mal, era seu papel de mãe no que diz respeito ao bem-estar de seus filhos ao longo de toda a vida.

Neste livro, analisaremos o que significa buscar Deus como nossa plateia principal: agradar somente a ele com nosso modo de criar os filhos e buscar força e poder nele somente para cumprir essa missão. Ser pai cheio do Espírito (ou mãe cheia do Espírito) não significa criar filhos com perfeição, e sim criá-los com base em uma perspectiva espiritual, tendo a eternidade sempre em mente. É uma forma de declarar: "Quero criar o filho ou os filhos que Deus me deu de modo que eu possa em primeiro lugar honrar o Senhor e, em segundo, criar o melhor ambiente possível para colocá-los no caminho do Divino".

O que significa colocar meu filho no caminho do Divino? Só Deus é divino. A divindade de Deus é a essência de sua santidade, que, em última análise, transforma cada um de nós. Por meio de Jesus e de sua obra na cruz, Deus transfere sua santidade para mim. Puxa! Que pensamento incrível! Essa transferência ocorre pela graça de Deus e por meio de minha fé, sem dúvida; porém, a maneira como isso se dá é um mistério.

Como pais cheios do Espírito, passamos a estudar nossos filhos, para aprender especificamente sobre eles, os filhos que Deus colocou sob nossa responsabilidade. Preciso não apenas aprender a confiar em Deus (pois sua Palavra deixa claro que somente ele é capaz de mudar corações), mas também aprender que meus filhos foram concebidos de modo especial e admirável, a fim de melhor conduzi-los no caminho que Deus preparou para cada um deles. Não se trata de adotar um "estilo de criação" que funciona para todos os filhos, pois vou precisar adaptar meu modo de criá-los à *singularidade* de cada um (sem abrir mão de minha autoridade nem de meus valores).

Minha primeira crise como mãe

Lembro-me de uma crise que enfrentei como mãe quando minha filha tinha apenas 4 anos. Deus estava prestes a dar-me uma lição poderosa; queria que eu aprendesse algumas características únicas do temperamento de minha filha e, ao mesmo tempo, mostrar-me quanto eu necessitava de sua ajuda para que o coração dela se tornasse semelhante ao dele.

Minha filha estava no quarto, distraída com um brinquedo. Eu lhe disse que colocasse tudo em ordem para almoçarmos. Ela saiu do quarto e, com ar de rebeldia, começou a dirigir-se a mim grosseiramente. Em seguida, entramos numa batalha épica de cada uma querer impor sua vontade. Eu lhe dei uma ordem e ela não a acatou; resistiu com muitas argumentações. Foi um daqueles momentos em que senti que precisava vencer, mas não sabia como. Então eu lhe disse:

— Você precisa voltar imediatamente para seu quarto e ficar ali para pensar um pouco, porque não está me obedecendo.

Ela assumiu uma postura inflexível, dizendo com a linguagem corporal: "Não vou, e o que *você* vai fazer se eu não for?".

Repeti com firmeza:

— Volte para seu quarto imediatamente. Você precisa obedecer a sua mãe.

Ela olhou para mim e retrucou:

— Não. Não tenho de fazer o que você diz porque você está apenas em *terceiro lugar* na lista de quem me dá ordens.

E prosseguiu, explicando que Deus estava em primeiro lugar, depois o papai e *depois* eu. Percebi que teríamos que nos ocupar muito com aquele assunto! Ela era impetuosa, obstinada em suas opiniões, veemente e articulada. Fiz, então, o que qualquer mulher racional faria naquela situação: liguei para o "segundo da lista".

Enquanto conversava com meu marido pelo telefone (embora ele estivesse trabalhando), contei-lhe aos prantos o que aquela filhinha *dele* de 4 anos estava fazendo comigo. Eu não conseguia parar de falar. Ele ouviu com paciência e me disse carinhosamente:

— Ela só tem 4 anos, querida. A adulta aqui é você.

Finalmente, minha filha voltou para o quarto, gritando e chorando. *Eu* estava gritando e chorando. Senti-me totalmente fracassada como mãe. Uma criança de 4 anos me fez perder o controle e comportar-me igual a ela. Decidi que era hora de conversar com o "primeiro da lista". Orei. Contei a Deus que me sentia derrotada como mãe. Não estava preparada para aquela missão e não saberia como agir de maneira diferente se o fato ocorresse de novo — e eu sabia que ocorreria.

O "é isso!" de uma mãe

Uma vez que a Palavra de Deus deixa claro que só ele é divino e que só ele muda corações, eu sabia que necessitava de sua ajuda para criar meus filhos. Sabia que, para cumprir essa missão com sucesso, eu precisaria ter o objetivo de Deus em mente. Agradar a ele passou a ser meu único foco naquele dia. Nada mais importava.

Essa foi a primeira verdade à qual comecei a me agarrar em meu desejo de ser uma mãe cheia do Espírito. Ela me revelou que *não era minha função simplesmente controlar o comportamento de minha filha e, ao fazer isso, criar uma vida espiritual para ela.* Aquele foi um verdadeiro momento "é isso!" para mim. Em nenhum lugar da Bíblia Deus pede que eu passe meus dias controlando os atos e as ações de minha filha. Em nenhum lugar da Bíblia sou advertida de que, se não "controlar" o comportamento de um filho, sofrerei consequências terríveis.

No entanto, tenho assumido esse papel com frequência, e às vezes faço disso o meu alvo. Afinal, quem não deseja que os filhos tenham ótimo comportamento o tempo todo? Pensei ingenuamente durante anos que, como pais cristãos, bastava colocar os filhos no mundo, criar todos num lar cristão e fazer o melhor possível para educá-los. Fale de Cristo e da Palavra de Deus, insira todos na comunidade de outros cristãos e, um dia, eles escolherão seguir Jesus, certo?

Acendendo a chama de uma fé transformadora

Aquele dia foi o momento decisivo de meu papel como mãe cheia do Espírito, pois eu não me sentia preparada para lidar com a inflexibilidade de minha filha e, certamente, não me sentia equipada para transmitir minha fé a nenhum de meus filhos. O que eu tinha certeza é de que lhes contava histórias da Bíblia e os levava à igreja todo domingo de manhã. Tinha confiança de que era capaz de lhes ensinar valores morais e de que conseguiria, quase sempre, mantê-los afastados dos perigos deste mundo. Sabia até que poderia colocá-los diante de pessoas piedosas e de causas benevolentes. Mas, se minha função não era a de simplesmente controlar o comportamento de meus filhos nessas questões, qual seria ela, então?

Percebi que meu papel era muito mais amplo do que eu havia imaginado, muito mais expressivo, e o alvo era transmitir-lhes uma fé vibrante e transformadora, na qual:

- Meus filhos *conheceriam* e *ouviriam* a voz de Deus, identificando-a no meio de outras tantas vozes.
- *Desejariam* obedecer a Deus quando ouvissem sua voz.
- *Obedeceriam* a Deus não pelo poder deles, mas pelo poder do Espírito Santo.

Restava ainda uma pergunta, que tomava conta de todo o meu ser: Quais padrões eu seguiria para criar meus filhos de maneira que todo o essencial para mim acendesse neles a chama de uma fé vibrante, espiritualmente transformadora?

Eu ansiava por um lugar no qual pudesse falar desses assuntos e receber instruções e preparo para a missão de ser mãe. Este livro originou-se desse anseio. Nele você conhecerá algumas de minhas experiências e verá como a Palavra e o Espírito de Deus moldaram meus pensamentos e ações enquanto criava meus filhos. Faremos perguntas como esta: "No fim do dia, como podemos nos sentir confiantes de que investimos no que é *realmente importante*? Aliás, o que significa 'realmente importante' neste mundo que vive em constante mutação e exerce tanta pressão sobre nós?".

Quer sejamos pais ou mães solteiros, quer sejamos pais de uma família tradicional, a parte mais significativa de nossa vida — e da vida de nossos filhos — é a saúde espiritual. O pesquisador George Barna disse, certa vez, que cada dimensão da experiência de vida de uma pessoa gira em torno de sua condição moral e espiritual.[2] Pense nisto: aquilo em que você crê e para onde você aponta seu coração determina a direção e o resultado natural de sua vida inteira para a eternidade. Leia de novo: *aquilo em que você crê e para onde você aponta seu coração determina a direção e o resultado natural de sua vida inteira para a eternidade.* A eternidade está em jogo.

Jesus disse que nosso propósito como povo de Deus é amá-lo durante toda a vida e amar os outros de todas as maneiras possíveis (cf. Lc 10.27). Além disso, nosso propósito como pais é ensinar nossos filhos a respeito da maravilha sublime de quem é Deus, como se relacionar com ele e entender o significado de viver para ele e por meio dele. Esses são os propósitos deste livro.

No mundo, mas não do mundo

Quando eu ainda era mãe novata, esforçava-me ao máximo para proteger meus filhos deste mundo, impedindo-os de querer ou desejar as coisas do mundo, fosse um filme que eu não queria que vissem, fosse uma palavra ofensiva que eu não queria que pronunciassem. À medida que eles cresceram, dediquei toda a atenção para certificar-me de que não consumiriam drogas nem teriam relações sexuais antes do casamento. Gastei energia demais para mantê-los longe de tudo que eu considerava prejudicial ou pecaminoso (na verdade, fazia o possível para controlar o comportamento deles), porque vivia apavorada.

Os pais, em geral, reconhecendo a maldade no mundo, decidem afastar os filhos completamente das coisas pertencentes a ele. Dizem: "Quero que eles fiquem perto de mim. Vou protegê-los da imoralidade. Se eu agir desse modo, o mundo não exercerá influência negativa sobre eles". Assim, eles mantêm os filhos perto de si, realmente bem perto, com rédeas curtas, muito curtas, na tentativa de protegê-los das ameaças do mundo.

Outros pais dizem: "Quer saber? Meus filhos vão precisar aprender a se virar sozinhos diante das ameaças do mundo". Então simplesmente soltam os filhos no mundo, como quem lança uma criança no fundo da piscina e diz: "Com o tempo, eles aprenderão a nadar". Em geral, esses pais pensam dessa maneira em razão de como viveram. Um pai me disse: "Não sei qual o motivo de tanto alvoroço com relação a criar os filhos. Eu fui praticamente criado por lobos, e deu certo — aqui estou de volta à igreja. E hoje tenho uma vida boa. Com o tempo, tudo se equilibra, não é mesmo?".

Nenhum desses extremos é bíblico. A vida cristã convida-nos a estar *no* mundo, mas não a ser *do* mundo. Sim, num dos extremos, nossos filhos têm muitas probabilidades de não ser "do" mundo. Por certo, não exalam o odor do mundo tanto quanto as outras crianças — mas, se tentarmos separá-los do mundo, também não estarão "no" mundo. E o outro extremo? Bom, provavelmente eles estarão tanto "no" mundo que ostentarão as marcas do pecado. O odor do mundo pode sufocar a vitalidade espiritual deles.

Os pais cheios do Espírito não ignoram a depravação do mundo, mas também não dizem: "Proteja-se e esconda-se. Suporte tudo até o fim, porque existe muita maldade no mundo, e não queremos fazer parte dele". Em vez disso, sugiro que os pais cheios do Espírito proclamem: "Vou permanecer aqui no meio de tudo. Vou viver *no* mundo porque Deus me colocou aqui por algum tempo. Faço isso, embora reconheça que somos *estrangeiros*, como diz o apóstolo Pedro. Este mundo não é o meu lar. Jamais será. Jamais me sentirei completamente à vontade aqui. Jamais sentirei que me encaixo verdadeiramente nele. Portanto, enquanto estiver aqui, não vou ser *do* mundo". É nesse ponto que educar os filhos nos caminhos de Deus se torna importante e determina, com a ajuda do Senhor, como teremos uma vida produtiva e espiritual aqui, sem nos sentirmos à vontade no mundo que nos rodeia. De fato, essa dependência de Deus e de seu Espírito é o ponto central de sermos pais cheios do Espírito.

Quando comecei a lutar com esse conceito, tive medo. Senti que não havia absolutamente nada que eu pudesse fazer. Senti que não poderia expor meus filhos a este mundo sem que o pecado e as manchas dele os prejudicassem terrivelmente. Foi uma reação muito natural querer protegê-los disso.

Que definição damos a nós mesmos?
Talvez algumas pessoas sejam semelhantes a mim. Por ter sido criada em lar cristão, eu costumava me definir pelas coisas que *não* fazia. *Não* fumava, *não* bebia, *não* dizia palavrões, *não* mascava nada e *não* saía com garotos que fazem isso — era assim que eu me definia na maior parte do tempo. Mas e se fôssemos pais de uma geração de jovens que se definissem pelo que *fazem*? E se eles se definissem por seus atos de justiça e misericórdia, de

perdão e amor, de força e coragem, de generosidade, humildade e fidelidade? E se pertencessem a uma geração de jovens que vivem no mundo e, mesmo assim, proclamam essas coisas com o exemplo de vida?

O perigo de simplesmente focar o comportamento exterior de nossos filhos sem a transformação interior é que, às vezes, eles podem adequar o comportamento às ordens que lhes damos a fim de nos agradar ou de receber aprovação. Podem fazer ou não essas coisas sem a verdadeira cura espiritual interior. Sem essa transformação sobrenatural, podemos ter filhos honrados e obedientes, mas não necessariamente filhos cheios do Espírito.

Depois de algum tempo, depois que as motivações externas para serem obedientes forem eliminadas, nossos filhos crescerão e definirão a vida que desejam ter. Ou serão transformados pelo Espírito de Deus, escolhendo ter uma vida pura sem nenhum desejo de mudar, ou ocultarão os pecados cometidos e terão uma vida dupla. Porém, vida espiritual é vida transformada, sem ter nada a esconder.

Estranhamente obscurecido

Agora eu pergunto: e se, como pais cheios do Espírito, concordássemos em agir de modo diferente do que simplesmente controlar o comportamento de nossos filhos? *E se nos dedicássemos inteiramente a colocar nossos filhos no caminho do Divino e os víssemos se apaixonar por Jesus?* Que diferença extraordinária isso faria! Uma opção adverte: "Não se apaixone pelo mundo", ao passo que a outra oferece: "Apaixone-se por Jesus, e o mundo será menos atraente".

Na infância, eu cantava um hino na igreja e só passei a entender suas palavras de modo mais intenso e significativo depois de adulta:

> *Volte os olhos para Jesus,*
> *Olhe bem para seu maravilhoso rosto,*
> *E tudo que há na terra ficará estranhamente obscurecido*
> *Diante da luz de sua glória e graça.*[3]

Percebi, então, a profundidade dessas palavras em minha vida e na vida de meus filhos. O hino não me orienta a virar as costas para o mundo, mas a olhar para Jesus. Da mesma forma que o autor de Hebreus diz que devemos ter "os olhos fitos em Jesus, autor e consumador da nossa fé" (12.2), a ordem é olhar para *Jesus*. Quando faço isso, o mundo perde seu brilho fascinante, e começo a amar menos o mundo e a amar mais Jesus.

Testamentos vivos

Haveria melhor maneira de fazer nossos filhos se apaixonarem por Jesus do que nós, os pais, sermos testemunhas vivas do que isso significa? Há uma verdade quanto a sermos pais cheios do Espírito: *Não podemos passar adiante aquilo que não possuímos!*

Vou ilustrar o que quero dizer: fui alpinista e gostava muito dessa atividade. Era muito eficiente em seguir direções, mas uma aprendiz no trato com cordas. Veja bem, se eu me oferecesse para levar você a escalar um dos despenhadeiros mais altos do mundo e ser sua instrutora, posso garantir que você não aceitaria. Seria prudente e reconheceria que não posso ensinar-lhe algo do qual não conheço as regras básicas. No entanto, nós, os pais, temos em geral uma mentalidade que se baseia no desejo de que nossos filhos tenham um relacionamento espiritual com Cristo mais vibrante do que nós estamos experimentando.

Pense um pouco. Queremos o melhor para nossos filhos. Queremos que tenham uma instrução melhor que a nossa, melhores oportunidades e uma vida com mais facilidades e menos lutas ou sofrimentos. No geral, queremos que tenham *mais* do que nós tivemos. Às vezes, chegamos a sentir culpa e queremos que tenham uma vida espiritual mais genuína que a nossa. Mas o fato é que somos exemplos vivos da realidade e, infelizmente, não podemos passar adiante aquilo que não possuímos.

Assim, ao me ver como mãe cheia do Espírito, lembro-me de que minha função não é simplesmente controlar o comportamento de meus filhos, mas ser exemplo da autenticidade *do que possuo* em meu relacionamento com Deus por meio de Cristo. E espero que aquilo que possuo seja válido para transmitir à próxima geração.

O curso natural da vida

Nossos filhos anseiam ver a realidade de quem Deus é no curso natural de nossa vida: quando nos levantamos, quando nos sentamos, quando estamos viajando, quando os colocamos na cama para dormir. Não estou dizendo que a metodologia formal seja nociva — porque ela é muito importante —, só que não é a *melhor* sem um exemplo a ser seguido. Nossos filhos precisam ver que a fé é importante, que é de grande valor para nossas situações diárias, que é real. Precisamos ser exemplos de que nossa vida é espiritual em cada decisão que tomamos, apagando a divisão entre o sagrado e o secular. Nossos filhos precisam, antes de tudo, ser testemunhas de que nossa fé não é algo que simplesmente separamos em categorias quando nos é conveniente.

Alguns dos melhores momentos nos quais compartilhei a realidade de Deus com meus filhos não foram planejados. Simplesmente aconteceram. E aconteceram nos tempos em que o dinheiro era curto e orávamos a Deus pedindo sua provisão. Então aguardávamos. E de repente recebíamos, sem esperar, um cheque de reembolso da seguradora pelo correio. Houve ocasiões em que deixamos de viajar porque um vizinho necessitava de nossa ajuda, e logo depois descobrimos que fomos poupados de um acidente na estrada ocorrido momentos antes.

Houve dias preenchidos com visitas ao zoológico, onde meu filho ficou tão fascinado ao ver tantas variedades de animais que me perguntou: "Quem pensou nisto?". Indagações para saber por que surge um arco-íris no céu depois da chuva, qual é a história da Bíblia que fala disso, onde Deus mora, para onde as pessoas vão quando morrem, por que ofertamos na igreja, por que oramos, cantamos ou adoramos, todas elas tornaram-se naturalmente momentos de ensino, em que conversamos com nossos filhos sobre nossa fé, pondo-a generosamente em prática diante deles.

O comportamento como consequência

Para transmitir a nossos filhos a fé que professamos, precisamos entender o significado da fé bíblica e por que ela está ligada à ação. Abordaremos esse assunto com mais profundidade no capítulo 2, mas, por ora, gostaria de ressaltar o que Tiago escreve na Bíblia a respeito da fé. Ele nos alerta de que a fé sem obras é morta (2.14-26), tão sem vida quanto um corpo sem alma. Está simplesmente morta. Portanto, em nossa vida e na vida de nossos filhos, a fé precisa ter essa expressão de obediência para permanecer viva. Talvez a definição mais completa de fé tenha raiz em seu significado no original grego. A palavra *pistos* engloba três elementos: possuir *firme convicção*, optar por *submissão pessoal* e demonstrar o *comportamento correspondente*.

Lembre-se, porém, de que uma das condições inegociáveis para educar os filhos no caminho do Senhor é a de que não me cabe a responsabilidade de controlar o comportamento deles. No entanto, essa definição de fé sustenta que, quando alguém possui firme convicção e opta por submissão pessoal, o comportamento correspondente passa a ser uma consequência natural, por ter sido inspirado pelos dois anteriores. Uau! É *aí* que o comportamento entra em ação.

É comum focarmos meramente a parte do "comportamento correspondente", esquecendo-nos de que ele é uma consequência. Esse subproduto resulta da *firme convicção* (que provavelmente definimos como fé, por intuição), mas resulta também da postura de *submissão pessoal*. Esse aspecto da submissão é algo que nem sempre reconhecemos em nossa vida e muito menos ensinamos a nossos filhos. Em termos mais simples, a fé baseia-se numa crença firme que se origina de um coração completamente submisso.

Assim, comportamento não é algo que podemos simplesmente controlar — caso contrário nosso cristianismo não passaria daquilo a que Dallas Willard se refere como "administração do pecado".[4] Até que ponto isso é convincente? De outro modo, quando vemos nosso comportamento e o comportamento de nossos filhos como subproduto da fé genuína, começamos a entender o significado de buscar uma vida espiritual e de ser pais cheios do Espírito.

Cultivando ambientes

A fé é sobrenatural. Não sou capaz de criá-la em outra pessoa. Posso fornecer-lhe todas as informações sobre um assunto, mas talvez você não acredite ou não sinta uma convicção inabalável. Provavelmente, todos nós nos lembramos de alguém que conheceu a verdade da Escritura e de Deus, mas continua a não acreditar. Há necessidade de uma transformação sobrenatural. Da mesma forma que a crença e a confiança que produzem fé na vida da pessoa são um processo sobrenatural, o comportamento e a ação que se alinham com a fé precisam fluir de modo sobrenatural.

Quando tentamos produzir isso ou impor aos outros, as pessoas tornam-se resistentes e até rebeldes.

Acredite ou não, é aí que a liberdade entra em ação. Quando aproximamos nossos filhos de Deus para se apaixonarem por Jesus, é o Espírito Santo que faz as ações deles serem coerentes com sua crença e torna o coração deles mais semelhante ao coração de Jesus. Essa é a verdadeira transformação. Se a fé que eles professam é vibrante, suas ações passam a ser vibrantes. Em geral, nossa tentação como pais é gastar todo o nosso tempo e toda a nossa energia lutando para corrigir o comportamento deles — um processo pelo qual não temos responsabilidade.

Qual é, então, nossa tarefa? A alegria de ser pai ou mãe pode ser sentida quando cultivamos ambientes para aumentar a fé de nossos filhos, ensinando-os a cultivar um relacionamento de amor com Jesus assim como nós cultivamos, vivendo autenticamente diante deles, para que sejam testemunhas de nossa transformação.

No início da adolescência, eu ouvia meu pai levantar-se de manhãzinha todos os dias e descer a escada. Nunca ouvi som de televisão nem barulho na cozinha, mas um dia vi o que ele fazia lá embaixo todas as manhãs: ajoelhava, orava e lia a Palavra de Deus. Não me lembro de meu pai ter dito que eu "deveria" ler a Bíblia, mas ele foi um exemplo silencioso e constante para mim — e aquilo me cativou. É muito importante entender nossa parte nesse processo de sermos pais cheios do Espírito antes de prosseguir a leitura deste livro.

Descobrindo meu papel como mãe

Na essência, *Espiritualidade em família* não é simplesmente um livro sobre "como criar os filhos". É muito mais que isso. É um livro sobre como você vê seu papel de pai ou mãe cheio do Espírito. E essa função que Deus lhe deu é somente sua. A pergunta básica do livro é: "Qual é meu objetivo final na criação de cada um dos filhos que Deus me concedeu e como os criarei com esse objetivo em mente?".

Com base nessa perspectiva, posso tirar o foco de uma série de eventos diários e concentrá-lo no panorama maior de passar minha fé adiante. Cada momento do dia transforma-se em mais uma oportunidade de criar meus filhos com o objetivo que Deus me deu. Crio meus filhos de forma a não simplesmente *gastar* meu tempo, mas também a me permitir *investir* meus dias rumo à eternidade.

Este livro foi escrito para inspirar e despertar você, se desejar, a ter uma perspectiva mais ampla sobre a função espiritual de criar filhos. À medida que essa função lhe for revelada e o Espírito Santo trabalhar por meio dessa descoberta, Deus lhe dará orientação para aplicar essas verdades às situações específicas que surgirão em seu lar. Espero que a pergunta "O que Deus requer de mim como pai ou mãe e como criarei ambientes em minha casa para que ele trabalhe no coração dos filhos especiais que ele me deu?" ressoe repetidas vezes em seu coração enquanto lê estas páginas.

Nosso objetivo, como pais, deve ser o de nos esforçarmos para transmitir nossa fé à próxima geração de tal forma que nossos filhos sejam capazes de transmitir a fé deles à geração seguinte em nossa ausência. Um dia não estaremos mais aqui, e só permanecerá aquilo que é eterno, aquilo que conseguimos transferir a nossos filhos, e nossos filhos aos filhos deles, de modo que a fé perdure por todas as gerações.

2
O QUE A ROCHA É?

Uma fé transformadora

Podemos concluir que a fé, como assunto do coração e compromisso da mente que resulta em serviço e comportamento espiritual, é um relacionamento muito íntimo e pessoal com Deus.

MERTON STROMMEN E RICHARD HARDEL[1]

O que Deus está procurando?

Se quisermos que nossa fé perdure por todas as gerações, precisamos ser cada vez mais confiantes e focados no tipo de fé que estamos tentando transmitir a nossos filhos. Pense por um momento: como você definiria sua fé? O que ela é exatamente? Tenho ouvido algumas pessoas dizerem que fé é uma crença firme e, ao mesmo tempo, flexível, crescente e progressiva, ao passo que outras dizem que fé é simplesmente saber que Deus fará com exatidão o que prometeu, seja qual for a situação ou circunstância.

Penso que todos nós concordamos com essas descrições. Chegamos até a reconhecer que fé é uma escolha e, embora pareça tolice, em especial aos que estão de fora, simplesmente sabemos que ela é real. Mas penso que há mais. No fundo, sei que há uma parte da fé que exige que eu aja e reaja, se desejo realmente ser transformada.

Vamos ver o que Deus diz a respeito da fé. Em Lucas 18.8, quando Jesus aborda sua volta iminente, ele diz: "Contudo, quando o Filho do homem vier, encontrará fé na terra?". Esse versículo me fascina, porque o Deus deste universo — o Deus Santo — está me dizendo a única coisa que ele procurará quando voltar.[2] Ou seja, é quase simples demais. Na verdade, ele nos disse o que era:

"Vou procurar fé. Será que a encontrarei?". Jesus poderia ter dito milhares de coisas, mas disse *fé*.

Não sei quanto a você, mas quando eu era jovem e minha mãe saía de casa, ela geralmente dizia: "Michelle, seu quarto está uma bagunça. Quando eu voltar para casa, quero ver seu quarto muito bem arrumado, ouviu?". Em seguida, ela saía. Mais tarde, eu voltava da escola e ficava vendo televisão até ouvir o barulho do carro dela chegando. Então pensava: "Ai, ai... meu quarto!". Subia a escada correndo e jogava tudo nos armários e embaixo da cama, porque sabia qual seria a primeira pergunta de minha mãe ao entrar em casa. Ela me tinha dado instruções específicas sobre o que esperava: "Quero que você arrume o quarto". E esperava que, ao voltar, eu tivesse cumprido sua ordem. Esperava que eu *reagisse* às suas palavras de autoridade.

De modo semelhante, Jesus pergunta: "Encontrarei fé na terra?". Devo, então, agir de acordo com seu pedido enquanto estiver aqui na terra. Esse esforço torna-se mais importante que qualquer outra coisa que eu esteja porventura procurando, pois sei que Jesus espera isso de mim quando voltar.

Fé por meio da família

Em Salmos, encontramos um modelo do plano grandioso de Deus para que a fé seja transmitida de uma geração a outra. Ele escolheu usar a *família* como lugar principal para cultivar a fé. O salmista Asafe revela o plano de Deus:

> Em parábolas abrirei a minha boca, proferirei enigmas do passado; o que ouvimos e aprendemos, o que nossos pais nos contaram. Não os esconderemos dos nossos filhos; contaremos à próxima geração os louváveis feitos do SENHOR, o seu poder e as maravilhas que fez. Ele decretou estatutos para Jacó, e em Israel estabeleceu a lei, e ordenou aos nossos antepassados que a ensinassem aos seus filhos, de modo que a geração seguinte a conhecesse, e também os filhos que ainda nasceriam, e eles, por sua vez, contassem aos seus próprios filhos. Então eles porão a confiança em Deus; não esquecerão os seus feitos e obedecerão aos seus mandamentos. Eles não serão como os seus antepassados, obstinados e rebeldes, povo de coração desleal para com Deus, gente de espírito infiel.
>
> Salmos 78.2-8

Esse lindo salmo fala da intenção divina de que cada família e cada geração passem sua fé adiante. Assim, além de dizer que a fé é a coisa mais importante que ele espera de nós, Deus estabelece uma estrutura que, em sua visão, seria a melhor maneira de passá-la adiante: a família.

Cresci num lar cristão, ouvindo falar que meu bisavô paterno fora um pregador na virada do século 20 e que ele contava histórias de sua fé em Jesus — nada era mais importante que isso na vida. Vi meus avós passarem metade de cada ano arrecadando fundos nos Estados Unidos para poder passar a outra metade na Índia, trabalhando na área da educação e proclamando o evangelho à camada extremamente pobre daquele país. A maneira como meus tios, tias e primos viviam também me ensinou um pouco sobre o que significa ser seguidor de Jesus. E meus pais, por certo, que receberam essa herança, foram encarregados de passar esses ensinamentos a minha irmã e a mim.

Sempre imaginei como eles devem ter se sentido ao herdar uma responsabilidade tão grande! Vi minha mãe pôr em prática as palavras que ensinava; sua vida foi um exemplo de integridade e beleza. Meu pai era um homem humilde e generoso. Então, quando me tornei mãe, essa responsabilidade me pareceu ainda *mais* assustadora.

Eu não queria quebrar a corrente e ser o elo frágil incapaz de passar o bastão à geração seguinte no revezamento da grande corrida da vida! Meus pais não foram perfeitos, é claro; eles cometeram sua cota de erros. Mas eram autênticos. Escolheram pôr a fé em prática mesmo em meio a muitas complicações na vida, e escolheram trilhar aquele caminho comigo de modo claro e sincero. Assim, escolhi seguir seus passos quando me tornei mãe. Meus filhos podem dizer que estou muito longe de ser perfeita e enumerar as vezes em que falhei com eles e com Deus. Porém, o plano de Deus não exige perfeição — exige fidelidade.

Talvez você não tenha recebido essa herança. Talvez não tenha recebido nada na forma de bastão espiritual e esteja começando essa corrida como a primeira geração de fé. Que emocionante! Pense que, no futuro, um de seus tetranetos se sentará para contar a história de como *você*, um dos antepassados dele, foi um exemplo de temor e fidelidade a Deus e que, sem sua fé, ele não seria o mesmo. Imagine o impacto que sua fé terá na história!

Fé em ação

Além do plano magistral descrito no salmo 78, encontramos nos evangelhos relatos de que Jesus presenciou a fé professada por algumas pessoas e, nesses momentos, *admirou-se*. Parou e aplaudiu todas as vezes que testemunhou essa profissão de fé. Algumas vezes, ao observar a fé em ação, parece que Jesus chegou até a demonstrar surpresa. De fato, o único registro nas Escrituras que fala do espanto de Jesus foi quando ele viu a fé de um centurião romano ser revelada. "Não encontrei em Israel ninguém com tamanha fé", disse ele (Mt 8.10). Jesus sempre reconheceu os testemunhos de fé, sempre reagiu à fé e sempre a abençoou. Da mesma forma, em ocasiões em que esperou ver um testemunho de fé e não viu, Jesus repreendeu: "Homens de pequena fé!". A fé é muito importante para nosso Deus, e ele nos incumbiu de transmiti-la a nossos filhos.

Aprendemos no capítulo 1 que a definição bíblica de fé declara que firme convicção e submissão pessoal se manifestarão em nosso comportamento correspondente. Tiago escreve:

> De que adianta, meus irmãos, alguém dizer que tem fé, se não tem obras? Acaso a fé pode salvá-lo? Se um irmão ou irmã estiver necessitando de roupas e do alimento de cada dia e um de vocês lhe disser: "Vá em paz, aqueça-se e alimente-se até satisfazer-se", sem porém lhe dar nada, de que adianta isso? Assim também a fé, por si só, se não for acompanhada de obras, está morta. Mas alguém dirá: "Você tem fé; eu tenho obras". Mostre-me a sua fé sem obras, e eu lhe mostrarei a minha fé pelas obras. Você crê que existe um só Deus? Muito bem! Até mesmo os demônios creem — e tremem! Insensato! Quer certificar-se de que a fé sem obra é inútil? [...] Assim como o corpo sem espírito está morto, também a fé sem obras está morta.
>
> Tiago 2.14-20,26

Tiago está nos advertindo de não adotar um mero sistema de crença intelectual no conhecimento bíblico e naquilo em que *dizemos* acreditar. Ao mesmo tempo, porém, há passagens bíblicas nas quais vemos Jesus condenando pessoas (entre elas os fariseus) por simplesmente *agirem* de acordo com a carne, sem ser conduzidas pelo Espírito e seu poder . Não se trata apenas de "fazer boas obras". Jesus deixou essa questão bem clara quando deu o exemplo de como devemos nos agarrar à videira e permanecer nela.

Não posso fazer nada

Jesus disse: "Eu sou a videira; vocês são os ramos. Se alguém permanecer em mim e eu nele, esse dará muito fruto; pois sem mim vocês não podem fazer coisa alguma" (Jo 15.5). Nós somos os ramos. Ele é a videira. A videira é a fonte de alimentação da planta. É dessa forma que os ramos são alimentados com nutrientes e água, o que traz vida à germinação do fruto. Sem Jesus nada podemos fazer. Jesus instrui-nos que devemos permanecer nele e depois, somente depois, é que produziremos fruto. Há também uma advertência nessas palavras, para não fazermos "boas obras" sem a fonte de poder que as torna boas: Deus. Adoro o visual inserido nessa passagem.

Estive recentemente em Temecula, na Califórnia, uma localidade conhecida por ser uma bela região vinícola. Há videiras imensas e pitorescas até onde a vista consegue alcançar. A imagem do vinhedo e de seu significado de produzir fruto sempre me intrigou. Enquanto rodava pela estrada naquele dia, vi algo que me chamou a atenção, uma expressão visual de que nunca me esquecerei.

De um dos lados da estrada havia uma videira belíssima que, de tão perfeita, quase parecia artificial. Era uma videira pitoresca, abarrotada de cachos imensos de uvas suculentas. As uvas na videira formavam uma visão espetacular! Embaixo das videiras, alguém escreveu numa placa de madeira: "Permaneçam em mim e vocês darão muito fruto". Em contraste, do outro lado da estrada havia um ramo abandonado e murcho. Não tinha vida, suas folhas estavam mortas e a visão parecia patética. Lá estava ele, apenas um ramo feio, completamente inútil. Havia ali também uma placa de madeira, que dizia: "Sem mim vocês não podem fazer coisa alguma".

Que belo espetáculo! Até o outro lado da estrada contava parte da história. O ramo morto estava completamente separado da videira, sem nenhum fruto. O interessante nas palavras de Jesus é que ele diz: "Sem mim vocês não podem fazer *coisa alguma*".

A sintaxe dessa frase não diz que não podemos fazer nada (porque, se pensarmos um pouco, poderemos "fazer" muito). Jesus está expressando uma declaração *qualitativa*. Está dizendo: "Realmente, a meus olhos isso não tem valor nenhum. Vocês podem 'fazer', mas isso não é nada". Jesus está pronunciando um julgamento sobre o valor de nossas palavras.

Assim, vivemos nessa tensão de saber que fé não é simplesmente uma anuência intelectual, mas também não é a realização de obras separada da fé. É uma mistura da anuência intelectual com as obras que fluem dela. Portanto, sermos pais cheios do Espírito inclui criar ambientes para que essa mistura ocorra em nosso lar. *Como* isso acontece é um mistério. Trata-se da obra sobrenatural do Espírito Santo. Nós, porém, temos participação nela. E, se nossa participação não for a de controlar o comportamento de nossos filhos, mas, em vez disso, a de criar um lugar para o Espírito Santo realizar sua obra, então ele é o único que sabe como misturar essa fé em nossa mente (o sistema de crença) com as manifestações naturais subsequentes (o fruto).

Sei que isso é verdade. Em meu coração e em minha mente, entendo que somente Deus é capaz de mudar vidas. Mas confesso a você que todos os dias sou tentada a simplesmente "esforçar-me mais" para trilhar esse caminho de fé. Além de descobrir essa tentação em minha vida, eu luto muito para não impor essa falsa fé a meus filhos ao encorajá-los a "esforçar-se mais" também. Que tolice a minha quando tento ser transformada por meus próprios esforços; ou que tolice ainda maior quando deixo de dar atenção ao caminho que Deus estabeleceu para mim!

Os dois alicerces

Você se lembra da parábola que Jesus contou sobre os dois alicerces? É aquela sobre o homem prudente que construiu sua casa sobre a rocha e o insensato que construiu sua casa na areia. Se você foi criado na igreja, deve ter ouvido essa história e aprendido uma canção sobre ela. A parábola está registrada em Mateus 7.24-27. O homem prudente construiu sua casa sobre a rocha; quando a chuva caiu e as tempestades vieram, a casa permaneceu firme. O insensato construiu sua casa em cima de um alicerce de areia; quando a chuva caiu e as tempestades se abateram sobre ela, a casa foi completamente destruída. Jesus estava fazendo uma distinção entre os dois alicerces.

Além de tantas implicações dramáticas, essa história levanta a pergunta: "O que é a rocha?". É extremamente importante para a história que saibamos o que a rocha é, uma vez que Jesus apresenta uma metáfora para edificarmos a casa sobre a rocha. De acordo com a história, o que você entende por rocha? Passei praticamente a maior parte de minha vida cristã pensando que a rocha era *Jesus*. Tenho perguntado a muitas pessoas, e essa é a resposta que mais recebo. Há passagens nas Escrituras onde Jesus é referido como Rocha, mas nesta parábola ele não é a rocha. Leia a passagem a seguir e veja se descobre o que a rocha é.

Portanto, quem ouve estas minhas palavras e as pratica é como um homem prudente que construiu a sua casa sobre a rocha. Caiu a chuva, transbordaram os rios, sopraram os ventos e deram contra aquela casa, e ela não caiu, porque tinha seus alicerces na rocha. Mas quem ouve estas minhas palavras e não as pratica é como um insensato que construiu a sua casa sobre a areia. Caiu a chuva, transbordaram os rios, sopraram os ventos e deram contra aquela casa, e ela caiu. E foi grande a sua queda.

Mateus 7.24-27

Fé obediente

Viu só? Jesus disse que quem *ouve essas palavras* e *as põe em prática* é como o homem prudente que construiu sua casa sobre a rocha. Como você descreveria alguém que ouve algo e o põe em prática? Obediente. Portanto, nessa história, a rocha é a obediência. Os alicerces referem-se ao modo como alguém ouve a verdade e a pratica — obedece — ou escolhe não a praticar e desobedece.

Essa é a parceria entre a fé e a ação. É pôr em prática aquilo em que acreditamos. Não é simplesmente ouvir a Palavra de Deus — porque o insensato a ouviu e não a pôs em prática. Quando pensamos na educação dos filhos pela perspectiva de passar nossa fé à próxima geração, entendemos que construir sobre a rocha significa obedecer à Palavra de Deus em todas as circunstâncias e permitir que nossos filhos sejam testemunhas desse modo de viver firme como a rocha.

Provérbios trata desse assunto muitas e muitas vezes. Nos primeiros capítulos, Salomão ensina seu filho a viver com sabedoria, sendo obediente à instrução de Deus e ao seu caminho. Recomenda que ele resista à tentação da insensatez, porque a insensatez despreza Deus e escolhe o que o mundo tem a oferecer. É claro que, como pais, queremos o que Salomão queria para seu filho. Queremos que escolham Deus e sabedoria. Queremos que estejam assentados sobre um alicerce firme, para que resistam quando as tempestades da vida se abaterem com força sobre eles.

Fé que resulta do relacionamento
Embora a fé que Jesus procura seja a fé obediente, de tudo que falamos até agora apreendemos que esse tipo de obediência resulta de conhecer Deus e ouvir sua voz. Quando fazemos isso, temos um relacionamento com ele do qual resulta um *desejo* de obedecer. E obedecemos porque o Espírito Santo nos dá esse *poder*, não por meio de nossa firmeza ao nos esforçarmos mais. Damos pequenos passos dia após dia para ter um relacionamento cada vez mais profundo com Deus, a fim de sintonizar nossas vontades e ações com as dele. Esse é o significado de fé obediente.

Quando eu era criança, sabia que era importante obedecer. Na infância, tinha de obedecer a várias pessoas: pais, avós, professores, pastores, policiais, e assim por diante. Nenhuma dessas figuras de autoridade exigia que eu *desejasse* obedecer em razão do relacionamento que tinha com eles. O foco estava simplesmente em minha obediência como um fim. "Porque eu quero que seja assim" era a frase comum que aquelas figuras de autoridade usavam. Eu entendia. Obedeça e todo mundo ficará feliz, certo?

Não é assim com Deus. Ele quer meu coração também! Jesus chegou a dizer às multidões que o seguiam: "Pois eu lhes digo que se a justiça de vocês não for muito superior à dos fariseus e mestres da lei, de modo nenhum entrarão no Reino dos céus" (Mt 5.20). Os fariseus não eram nem um pouco desobedientes. Ninguém da sociedade judaica seguia a lei mais à risca que eles. Acho que Jesus estava dizendo que a justiça de seus seguidores não deveria ser *quantitativamente* maior que a dos fariseus, mas *qualitativamente* maior. Jesus queria uma obediência diferente.

É claro que, enquanto nossos filhos são pequenos, queremos que eles confiem em nós e sejam obedientes. Instruções como não encostar no fogão, não correr na rua e não falar com estranhos são limites impostos para proteger a vida deles. No entanto, à medida que eles crescem, queremos ajudá-los a passar da obediência de comportamento à obediência que resulta de sabedoria e relacionamento, confiando que sabemos mais que eles. É desse tipo de fé que estamos falando. Como pais, precisamos não apenas introduzir esse conceito, mas também ser exemplo dele. É diferente de qualquer obediência que nossos filhos conhecem no início da vida, já que possui ramificações eternas.

Criando espaço para o Espírito de Deus agir

Se acreditamos que o Espírito de Deus é o mestre escolhido por Deus no coração de nossos filhos e que só ele promove crescimento espiritual e faz isso quando quer, então precisamos nos dispor a cultivar ambientes para ele realizar sua obra. Como podemos criar em nosso lar ambientes propícios a que nossos filhos ouçam as palavras de Deus e tenham também a oportunidade de as pôr em prática? Neste livro, analisaremos dez ambientes diferentes que podemos criar em nossa casa. Enquanto buscamos criar esses espaços espirituais, devemos orar para que o Espírito de Deus torne nossos filhos semelhantes a ele.

Dediquei um capítulo a cada ambiente, a fim de explicá-los e de descrever como podem estar presentes em seu lar e na vida de seus filhos. Apresento, a seguir, uma rápida explicação dos dez ambientes.

1. *Contar histórias.* O poder da Grande História de Deus causa impacto em nossa vida porque nos dá uma perspectiva de temor e admiração diante do modo como Deus se move ao longo da história. Também nos leva a ver como Deus está usando a vida de cada pessoa e criando uma história única, que merece ser contada para a glória dele.

2. *Identidade.* Esse ambiente ressalta quem somos em Cristo. De acordo com Efésios 1, fomos escolhidos, adotados, redimidos, selados e recebemos uma herança em Cristo. Essa

convicção permite que as crianças permaneçam firmes diante de identidades contrárias que poderiam seduzi-las e afastá-las de Deus neste mundo.

3. *Comunidade de fé.* Deus criou-nos para viver em comunidade e experimentá-lo, e isso só ocorre quando estamos próximos uns dos outros. A comunidade de fé cria um ambiente para preparar e discipular os pais, para comemorar a fidelidade de Deus e para trazer uma exorbitância de adoração por meio da tradição e de liturgias que oferecem uma identidade às crianças.

4. *Servir.* Essa postura do coração pergunta: "O que necessita ser feito?". Permite que o Espírito Santo cultive sensibilidade em relação aos outros com motivação maior que uma vida individual. Ajuda a cumprir a incumbência de que, como seguidores de Cristo, consideremos nossa vida como sacrifício vivo que ofertamos com generosidade.

5. *Fora da zona de conforto.* Quando são desafiadas a sair da zona de conforto desde muito cedo, as crianças aprendem a sentir dependência do Espírito Santo para equipá-las e fortalecê-las além de suas habilidades e desejos naturais. Esse ambiente inspira uma geração a não buscar conforto, mas a ter uma vida radical de fé em Cristo.

6. *Responsabilidade.* Esse ambiente capacita as crianças a tomar posse de sua vida, de seus dons e de seus recursos diante de Deus. Além disso, as crianças são desafiadas a assumir responsabilidade por seus irmãos e irmãs em Cristo e também pelos espiritualmente perdidos. Esperamos que o Espírito Santo use esse ambiente para nutrir cada filho dentro de uma visão de mundo voltada para o reino, de um lugar que não os obrigue a fazer nada, mas que lhes foi entregue por meio de um grande chamado.

7. *Correção de rumo.* Esse ambiente resulta de Hebreus 12.11-13 e se contrapõe à punição severa. A disciplina bíblica voltada para a criança abrange: a) um período de castigo; b) uma oportunidade de crescer em amor; e c) uma visão do caminho correto a ser seguido com o propósito de cura interior.

8. *Amor e respeito.* Sem amor, a fé torna-se fútil. Esse ambiente reconhece que as crianças necessitam de uma atmosfera de amor e respeito a fim de serem livres para receber a graça de Deus e passá-la a outros. A característica principal desse ambiente é o respeito às crianças, visto que elas incorporam a própria imagem de Deus. Precisamos conversar *com* elas, não fazer discurso *para* elas. É necessário que criemos um ambiente de amor e aceitação, independentemente do comportamento delas.

9. *Conhecimento.* Nada é mais importante que conhecer Deus e ser conhecido por ele. Vivemos num mundo que nega a verdade absoluta, mas Deus nos oferece exatamente essa verdade. Quando nós, que conhecemos Deus pessoalmente, criamos um ambiente que preserva e mostra a verdade divina, damos às crianças a garantia de serem conhecidas por Deus por meio de um relacionamento com ele em Cristo.

10. *Ser exemplo de vida.* A Bíblia precisa ser posta em prática na vida em toda a sua dimensão, para fazer diferença no campo espiritual. Conhecemos "quem" pelos exemplos de vida de "como". Esse ambiente é um exemplo prático do que significa ensinar as crianças a pôr a fé em ação.

Agora que entendemos o significado da fé e quais são nossos objetivos como pais — e quais não são —, temos uma base concreta para falar desses ambientes. É importantíssimo que não criemos ambientes para que nossos filhos simplesmente pareçam religiosos exteriormente. Não devemos criar ambientes para manipular o comportamento deles. Nem devemos criar ambientes para que tenham uma fé espantosa em Cristo. Devemos criar ambientes para entregar nosso lar e a vida de nossos filhos ao Espírito Santo, para que o mesmo Espírito possa realizar sua obra neles.

Em Filipenses 2.13, Paulo lembra-nos de que é *Deus* quem está agindo dentro de cada um de nós, trabalhando para incutir em nós sua vontade. Dessa maneira, é o próprio Deus que nos induz a pôr em prática as coisas que dele ouvimos. Temos a missão e o privilégio de colocar nossos filhos no caminho em que Deus está agindo. Temos de estar juntos para acompanhar Deus onde ele já está se movendo. Temos de colocar nossos filhos em proximidade com o Divino e depois permitir que ele realize a obra sobrenatural na vida deles. É uma grande honra, sem dúvida.

Assim, enquanto analisamos esses dez ambientes, quero lhe fazer dois pedidos:

1. Reserve um tempo para orar e peça a Deus que lhe revele o que ele deseja remodelar em você, que é pai ou mãe, e em sua casa. Permita que ele lhe traga à mente as áreas nas quais você precisa mudar um pouco quanto ao modo de pensar, reagir ou ouvir. Você precisará ter essa atitude ao longo de toda a leitura deste livro. Você nunca pediu para criar seu filho sozinho. Pai ou mãe, você tem a vantagem, como cristão, de criar seu filho em parceria com o Espírito de Deus. Precisamos sempre nos lembrar de que é Deus quem está agindo na vida de nossos filhos. Nós simplesmente temos o privilégio de participar com ele dessa missão (Fp 2.13).

2. Creio que, quando você assumir essa atitude, Deus lhe falará e agirá em sua vida e em seu lar. Há um aspecto divertido nesse ambiente de aprendizado: todos nós somos aprendizes, inclusive eu, e convidamos o Espírito Santo para estar conosco e ser nosso mestre. Assim, todas as vezes que sentir que Deus lhe deu um "é isso!" ou que você juntou alguns pontos de forma que isso lhe seja realmente importante, escreva seus comentários na página dos "é isso!" que lhe reservamos no fim do livro. No término da leitura, essas poderão ser as descobertas mais importantes em sua jornada como pai ou mãe.

3

UM JARDIM E UM GRANDE CAVALO BRANCO

O ambiente de contar histórias

No centro de nossa fé cristã há uma história. [...] Nós e nossos filhos só teremos fé cristã se a história for conhecida, entendida, admitida como nossa e vivida.

JOHN H. WESTERHOFF[1]

O pequeno mundo da criança

Na infância, eu gostava muito quando meu pai me contava histórias na hora de dormir. Mas não uma história qualquer. Eu sempre queria que ele me contasse uma história na qual *eu* fosse a personagem principal. Quase sempre meu pai incluía algumas de minhas amigas (e talvez algumas inimigas) e até um animal de estimação. Com esses pensamentos de que eu era a heroína ou a garota destemida nas histórias de meu pai, dormia sabendo que tudo corria bem em meu pequeno mundo.

Quando somos crianças, nosso mundo é muito pequeno. Vemos *tudo* sob a ótica de estar em posição vantajosa e de como isso nos afeta de modo direto ou indireto. Somente quando amadurecemos (assim esperamos) é que começamos a ver o mundo de forma muito mais complexa e também a ver nossa função de servos que atendem às necessidades dos que nos rodeiam. Assim, uma das funções dos pais cristãos é ensinar os filhos a deixar o egoísmo de lado e praticar o altruísmo. Paulo descreve essa virtude em Filipenses 2.3-4: "Nada façam por ambição egoísta ou por vaidade, mas humildemente considerem os outros superiores a si

36 Espiritualidade em família

mesmos. Cada um cuide, não somente dos seus interesses, mas também dos interesses dos outros".

Esse altruísmo origina-se, claro, de conhecer Jesus pessoalmente e de consagrar nossa vida ao poder que nos foi dado por Deus. No entanto, mesmo antes de nossos filhos compreenderem completamente essa guerra interna, creio que o ambiente de contar histórias é uma oportunidade imperiosa para começar a moldar no coração deles uma visão de mundo centrada em Deus e nos outros.

Sei que, até certo ponto, infância é sinônimo de egocentrismo. Com o individualismo correndo à solta no coração e na mente de nossos filhos, como podemos ajudá-los a entender que o roteiro da história é muito maior que eles? Como ser um exemplo de vida que conte a Grande História de Deus ao longo dos tempos, que explique como nossa história foi enxertada pela graça e descreva como nossos filhos têm a oportunidade de também fazer parte dessa narrativa?

Uma história maior

Embora a cultura moderna diga a nossos filhos que a vida "gira em torno de mim", podemos orientá-los a pensar no fato de que a vida real "gira em torno de Deus". A Palavra de Deus é basicamente uma história de amor — a história do Criador que ama suas criaturas e vai buscá-las para ter um relacionamento pessoal com cada uma delas. Na história de Deus, *ele* é o personagem principal, *ele* é o amor em sua forma perfeita e o Redentor perfeito.

Sou tentada, às vezes, a acreditar que *eu* sou a personagem principal, que a história gira realmente em torno de mim — porque, afinal, estou presente em todas as cenas. Mas é mentira. É uma mentira contada a nossos filhos em todos os canais de televisão, em todos os comerciais, em todas as canções. Às vezes é extravagante e até bela, mas é produzida para eles acreditarem que a maior história já contada está ocorrendo em seu pequeno mundo obscuro.

Vê como a mentira de Satanás é perigosa? Se ele me fizer acreditar que esta vida é uma história centralizada em mim e em minha felicidade, verei a vida como uma série de eventos que permitirão sucesso ou fracasso em meus esforços para vencer.

Começarei a sutilmente tomar decisões em benefício próprio. Afinal, não queremos ser sempre o protagonista vitorioso no final? Queremos que ele tenha êxito e seja feliz. Assim, minha felicidade passa a ser prioritária. Há um problema com esse modo de pensar: às vezes a vida é dura e injusta. Nem sempre posso controlar a vida, os eventos e as outras pessoas. E então? Mesmo que eu consiga controlar as pessoas, não foi para isso que fui criada, nem elas. Quando uso as pessoas em meu favor, eu as prejudico.

Se formos persistentes em contar a Grande História de Deus a nossos filhos e ajudá-los a entender a história maior que foi vivida milhares de anos atrás, eles terão o privilégio de vislumbrar todos aqueles fatos fascinantes — o mistério maravilhoso de quem é Deus e de como ele escolheu uma parte para cada um de nós representar. Jamais exerceremos o papel de protagonista, mas quando entendemos o motivo, descansamos sabendo que não fomos criados para essa finalidade. Quando isso acontece, adoramos a Deus, não a nós mesmos. Somos libertos para exercer a função para a qual fomos criados: ser verdadeiros adoradores em todos os aspectos de nossa vida!

Gosto muito de como a versão bíblica *A Mensagem* apresenta estas palavras do apóstolo Paulo:

> Portanto, com a ajuda de Deus, quero que vocês façam o seguinte: entreguem a vida cotidiana — dormir, comer, trabalhar, passear — a Deus como se fosse uma oferta. Receber o que Deus fez por vocês é o melhor que podem fazer por ele. Não se ajustem demais à sua cultura, a ponto de não poderem pensar mais. Em vez disso, concentrem a atenção em Deus. Vocês serão mudados de dentro para fora. Descubram o que ele quer de vocês e tratem de atendê-lo. Diferentemente da cultura dominante, que sempre os arrasta para baixo, ao nível da imaturidade, Deus extrai o melhor de vocês e desenvolve em vocês uma verdadeira maturidade.
>
> Romanos 12.1-2

Muito bem, ótimo conceito. Mas como ele se aplica realmente a nossa vida diária de criar filhos? Vamos separar alguns momentos para analisar essas palavras e ver como podemos começar a criar nossos filhos para terem sucesso nessa área. Vamos primeiro dar uma olhada na Grande História de Deus e aprender a contá-la de modo sucinto, tendo Deus como elo redentor na narrativa inteira. A seguir, vamos investigar como nossa história se cruza com a história de Deus e descobrir o poder de contar essas verdades a nossos filhos. E, finalmente, vamos pensar nas atividades práticas que nos ajudarão a reforçar a verdade das Escrituras na vida de nossos filhos.

Os filhos são um dom precioso vindo de Deus e carregam o sinal indelével da imagem de Deus. Essa afirmação confere um significado incrível à nossa missão de criá-los para conhecer o Senhor.

A Grande História de Deus

No capítulo 2, analisamos a função e a responsabilidade que Deus concedeu aos pais de criar os filhos para conhecê-lo e amá-lo. Com base nisso, como podemos contar a história de Deus — a história da Bíblia — de tal forma que seja significativa e relevante a nossas crianças? Sabemos que elas são individualistas, mas sabemos também que amam o sentido da história e anseiam por identificar-se com os heróis da trama. A Palavra de Deus apresenta uma profusão de textos que esclarecem a luta entre o bem e o mal, e há uma profusão de heróis! Sabemos também que as crianças se identificam melhor com coisas concretas e visuais e com circunstâncias que envolvam os cinco sentidos.

Com essa ideia em mente, vamos estudar a possibilidade de compartilhar o conteúdo da Bíblia no contexto de seu roteiro original. Costumamos contar histórias fragmentadas de Deus, de Jesus e de outros personagens bíblicos, sem obedecer a uma sequência. Por isso, a maioria das crianças que conhece as histórias da Bíblia não sabe se Abraão nasceu antes de Davi ou se Jesus foi contemporâneo de Moisés.

Pense na menina que comemorou o Natal e, três meses depois, está assistindo ao culto da Páscoa no qual o pastor diz que Jesus morreu por nossos pecados. Horrorizada, a menina olha para o pai e pergunta: "Por que Deus não escolheu um adulto para morrer? Jesus era apenas um bebezinho!".

Acontece que nossas histórias são contadas isoladamente e, em geral, não narram a história maior, na qual Deus é o centro. Em vez disso, um dia o bebê Moisés é o protagonista, no outro é

Noé, e Jesus é o protagonista em outra ocasião. Mas, se colocarmos cada história no contexto da história principal, poderemos começar a elevar Jesus, o Redentor, a seu lugar de direito no roteiro da história.

Vamos examinar esse roteiro principal e entender como seria se o contássemos em sua essência.

A genealogia do Redentor

A Grande História de Deus começou num lindo jardim, localizado entre dois grandes rios. Deus criou esse jardim e deu-lhe o nome de Éden. Criou também Adão e Eva para se relacionarem com ele e viverem juntos com todas as suas outras criações. Infelizmente, Adão e Eva pecaram contra Deus, por isso ele os expulsou do jardim e cortou o relacionamento íntimo que tinha com o casal. Esse episódio chama-se a queda de Adão e Eva. Em meio àquela tragédia, porém, Deus prometeu que, um dia, um Redentor viria ao mundo. Esse Redentor prometido salvaria a humanidade do pecado e da desobediência. Assim, a humanidade começou a aguardar com grande expectativa o cumprimento dessa promessa.

Passadas dez gerações, o mundo tornou-se tão malvado e corrupto que Deus decidiu destruir todos os povos, exceto Noé e sua família, por meio de um dilúvio mundial. Depois que a água baixou, a família de Noé começou a povoar a terra novamente, e as nações nasceram de cada um de seus três filhos. A nação de Israel nasceria do filho de Noé chamado Sem.

Deus fez uma promessa singular a um descendente de Sem chamado Abraão. A promessa era de que, por intermédio do filho de Abraão, Deus separaria uma nação que demonstraria o relacionamento entre Deus e a humanidade. Quando vissem esse relacionamento de amor, as outras nações também desejariam conhecer o único Deus verdadeiro. Deus disse também a Abraão que o Redentor prometido nasceria da linhagem de sua família. A nação escolhida seria chamada Israel.

Abraão e Sara, sua mulher, não podiam ter filhos, então começaram a duvidar da promessa de Deus. Com o passar dos anos, eles se cansaram de aguardar o tempo de Deus e, infelizmente, sentiram a necessidade de "dar uma mãozinha" a Deus — tiveram um filho nascido de Hagar, escrava deles. Esse filho recebeu

40   Espiritualidade em família

o nome de Ismael. As nações árabes surgiram dos descendentes de Ismael. No entanto, vinte e cinco anos depois da promessa de Deus a Abraão e Sara, o filho prometido nasceu. Deram-lhe o nome de Isaque.

Isaque teve um filho chamado Jacó. Depois que Jacó lutou com o anjo do Senhor durante um sonho, Deus mudou o nome dele para "Israel" (que significa "aquele que luta com Deus"). Jacó/Israel teve doze filhos, e os descendentes desses doze filhos se tornaram as doze tribos de Israel.

José, um dos filhos de Jacó, foi vendido como escravo por seus irmãos e levado ao Egito. Lá, Deus permitiu que José ocupasse uma posição de poder sob as ordens do faraó. Por fim, a família inteira de Jacó mudou-se para o Egito. José conseguiu mantê-los vivos durante os sete anos de fome na região e, por conseguinte, a família da promessa foi preservada.

Da escravidão à liberdade — repetidas vezes

Depois de vários séculos no Egito, os descendentes de Jacó/Israel formaram um grupo étnico enorme chamado de "israelitas". Os egípcios escravizaram os israelitas, que começaram a clamar a Deus por um redentor. Deus escolheu um israelita chamado Moisés para tirar seu povo do Egito e levá-lo à terra prometida, a fim de que pudessem adorar o único Deus.

No entanto, em razão da desobediência e da murmuração, aquela geração de israelitas passou os quarenta anos seguintes vagando no deserto entre o Egito e a terra prometida. Uma nova geração cresceu no deserto, respeitando Deus e seu poder. Essa geração não crescera sendo seduzida pelos poderes dos milhares de deuses egípcios, mas testemunhando diariamente a obra do Deus único e verdadeiro, que lhes proporcionava alimento, água e orientação. Na verdade, o único alimento que eles comeram foi o maná, enviado todos os dias pelo próprio Deus. O Senhor conduziu essa geração na forma de uma coluna de nuvens durante o dia e de uma coluna de fogo durante a noite, por isso eles cresceram conhecendo somente o Deus único e verdadeiro e confiando nele. Josué foi ungido líder dessa geração jovem e conduziu-a para conquistar a terra prometida que Deus havia separado para seu povo.

Durante anos de batalha, os israelitas conquistaram a terra e se estabeleceram lá para criar suas famílias. (Hoje esse lugar é ocupado pela nação de Israel, que se estende desde o leste do mar Mediterrâneo até o nordeste do Egito.) Os israelitas clamaram a Deus para que lhes desse um rei como os reis das outras nações, e Deus respondeu: "Não". Eles lhe desobedeceram e se afastaram dele, então Deus levantou outras nações para castigá-los por seus pecados. Quando eles se arrependeram, Deus enviou líderes chamados juízes para ajudá-los a vencer os inimigos, e por uns tempos os israelitas permaneceram fiéis a Deus. Logo, porém, voltaram a agir de modo pecaminoso, até a chegada da próxima calamidade. Esse ciclo de pecado, sofrimento, arrependimento e libertação repetiu-se várias vezes, e Israel teve muitos juízes. O período dos juízes, que incluiu Gideão, Débora, Sansão e Samuel, durou mais de 450 anos.

Reis bons e maus

Apesar de Deus ter advertido que os reis tirariam o dinheiro do povo por meio de impostos, tomariam suas filhas como esposas e escravas e enviariam seus filhos para guerras, o povo insistiu em eleger um rei. Israel passou a ser uma monarquia, e Deus não era mais seu único Rei.

Saul foi o primeiro rei, porém Deus o rejeitou rapidamente por causa de seu orgulho e desobediência. Davi, um pastorzinho humilde que conhecia e amava Deus, foi o segundo rei. Chegou a cometer pecados graves algumas vezes, mas continuou a ser "um homem segundo o coração de Deus" porque era humilde e amava adorar o Senhor. Seu filho Salomão foi o terceiro e o último rei das doze tribos unidas.

O filho de Salomão enfrentou rebeldia, e a nação dividiu-se em duas: dez tribos no norte (Israel) e duas tribos no sul (Judá). O Redentor prometido nasceria, então, da tribo de Judá, no sul.

Todos os reis de Israel (as dez tribos do norte) foram maus e conduziram o povo a pecar gravemente. Com o passar dos anos, Israel foi levado cativo pela Assíria, mesmo depois do apelo de muitos profetas para que o povo se arrependesse. Apesar de Judá (as duas tribos do sul) ter tido alguns reis bons e vários avivamentos, o povo também desobedeceu a Deus repetidamente, até o dia em

42 ESPIRITUALIDADE EM FAMÍLIA

que o Senhor permitiu que o império babilônio o subjugasse. A cidade de Jerusalém, o centro do povo de Deus, foi completamente destruída. Os babilônios levaram o povo de Judá para o cativeiro.

Os judeus no cativeiro

Alguns judeus (povo de Judá) mantiveram viva a fé em Deus mesmo na Babilônia. Conhecemos a história de Daniel e seus atos justos de oração em meio a leões famintos. Sabemos como Sadraque, Mesaque e Abede-Nego permaneceram firmes diante da pressão para se acomodarem às circunstâncias.

Tempos depois, a Babilônia caiu nas mãos do império persa. Uma judia órfã chamada Ester tornou-se rainha da Pérsia, e Deus usou-a para salvar seu povo da morte. Também sob o domínio persa, Neemias (o copeiro judeu do rei persa Artaxerxes) retornou a Israel para reconstruir os muros de Jerusalém. Além de dar permissão para Neemias reconstruir os muros, o rei persa pagou as despesas! No todo, um dos maiores projetos de construção do mundo antigo ficou pronto em cinquenta e dois dias, mesmo sofrendo grande oposição na região. A genealogia do Cristo prometido voltou a Israel, e o Antigo Testamento chegou ao fim.

Então, algo estranho aconteceu: Deus se calou. Não falou mais por meio de profetas, sacerdotes ou reis. A promessa estava viva, mas escondida e silenciosa. O povo esperava que ela fosse revelada. Quase quatrocentos anos se passaram antes das primeiras palavras do Novo Testamento.

Finalmente o Redentor chega

A genealogia registrada por Mateus e Lucas mostra que a mesma promessa que começou no jardim permaneceu verdadeira ao longo de milhares de anos. Apesar dos esforços de Satanás para eliminar o povo de Deus, o povo prevaleceu. E, no tempo determinado na história que havia sido profetizado centenas de anos antes, o Redentor chegou numa cidade pouco conhecida chamada Belém.

Jesus nasceu. Ele era o Messias prometido em Gênesis, predito ao longo da história; finalmente estava aqui na terra em forma humana. Jesus nasceu de uma virgem, Maria, que o criou com seu marido, José, na cidade de Nazaré. Jesus cresceu em sabedoria, estatura e graça diante de Deus e dos homens.

Quando Jesus chegou à fase adulta, seu primo João Batista tornou-se uma voz no deserto, preparando o caminho para o ministério do Messias. Logo depois, Jesus chamou Pedro, Tiago, João e o restante dos doze discípulos. Ministrou aos pobres, curou enfermos, ressuscitou mortos e redimiu excluídos. Jesus viveu e proclamou o reino de Deus, demonstrou seu poder divino sobre a criação e ensinou uma forma radical de vida a seus discípulos e ao mundo.

Jesus se fez homem com o propósito de ser o sacrifício perfeito que pagaria o preço de nosso pecado. Os judeus sacrificavam animais como preço pelo pecado. Ofertavam cordeiros puros e imaculados pelos pecados cometidos contra Deus, exatamente como Deus lhes havia ordenado na lei de Moisés. Jesus tornou-se o sacrifício único e cabal que dá a todo homem, a toda mulher e a toda criança acesso a Deus o tempo inteiro. Ele foi o sacrifício derradeiro, satisfazendo a justiça de Deus para sempre, para todos aqueles que o aceitam.

Por meio da morte de Jesus, nossos pecados foram perdoados. Sua ressurreição abriu caminho para a vitória sobre a morte. Sua ascensão ao céu capacitou-o a enviar o Espírito Santo para habitar em nós. E seu Espírito capacita a igreja a viver na prática a mensagem da salvação. Atos dos Apóstolos relata como o Espírito Santo agiu na igreja primitiva em Jerusalém e nas viagens missionárias do apóstolo Paulo. Hoje o Espírito Santo continua a agir na vida de todos nós, para a glória de Deus, permitindo que cada um de nós faça parte da Grande História de Deus até que ele volte.

Ele está voltando!

A história não termina conosco! É muito maior que isso! Jesus voltará. Não voltará em forma humana, mas completamente revelado em toda a sua glória. Cavalgará vitorioso seu cavalo branco para proclamar que ele é o Rei dos reis e o Senhor dos senhores para sempre. Julgará as nações e, depois, enviará Satanás e seus seguidores para uma separação eterna de Deus. Aqueles que amam a Deus e que aceitaram seu Filho Jesus viverão eternamente com ele no novo céu e na nova terra, em comunhão com Deus — da mesma maneira que tudo começou no jardim. Da maneira que *deveria* ser. E desse dia em diante, por toda a

44 ESPIRITUALIDADE EM FAMÍLIA

eternidade, estaremos para todo o sempre com o Senhor e Redentor prometido. Amém!

Uma história com a qual as crianças se identificam

Essa é a Grande História de Deus. O bem e o mal guerreiam entre si, o mal parece dominar o mundo, mas então Jesus chega e traz justiça... e nós, que o conhecemos, somos salvos. Jesus transforma tudo em bem, e aqueles que o seguem vencerão no final! Não sei quanto a você, mas quero fazer parte *dessa* história e quero, definitivamente, estar do lado vencedor. Quero ser uma das amigas de Jesus quando ele aparecer em cena. E quero que Satanás seja castigado! Essa é a história com a qual as crianças se identificam, e, no entanto, muitas vezes só permitimos que elas conheçam trechos dela. Impedimos que elas vejam o poder da história quando fazemos isso.

Sempre achei que alguém precisa produzir um filme da Grande História de Deus que as crianças possam ver em duas horas. Não seria muito diferente de todos os outros filmes que veem, sempre com a mesma trama do bem guerreando contra o mal, exceto por uma grande diferença: a história de que estou falando é *verdadeira*! E mais, cada um de nós faz parte dela. É também a minha história, e eu faço parte dela. Escolho o time em que estou e torço por ele o tempo todo ao longo da história. Ela não começa quando nasci nem terminará quando eu morrer. A história continuará até que Deus diga que é tempo de terminá-la. E, quando ela terminar, estaremos todos lá para testemunhá-la! Estaremos todos juntos e passaremos a eternidade adorando a Deus e contando como nossa vida fez parte da Grande História de Deus. É uma história sobre Deus, gira toda em torno dele. E eu faço parte dela.

Jesus é o herói

Na Grande História de Deus, Jesus é o herói. Todos nós amamos o Jesus descrito nos evangelhos — naqueles relatos, Jesus nos ama e nos mostra como viver e retribuir o amor. Ele nos ajuda a entender quem o Pai é e como devemos nos relacionar com ele. Para as crianças, porém, o Jesus dos evangelhos não é o herói. Não me interprete mal: como adultos, entendemos que ele é o herói porque se sacrificou por nossos pecados e venceu a morte.

Mas, para as crianças, precisamos ter a certeza de apresentar as duas descrições de quem Jesus é. Jesus é Pastor e Rei. É meigo e guerreiro. É humilde e vitorioso! No entanto, por mais estranho que pareça, não contamos a nossos filhos o fim da história — ou o começo. Talvez o consideremos sangrento demais ou muito intenso, ou não tenhamos entendido a história toda, mas, na realidade, ela mostra Jesus como o herói pelo qual vale a pena viver e morrer. Saber que ele é o vitorioso insuperável dá a cada um de nós a coragem para caminhar com ele nesta jornada.

Contando nossa história

Por falar em jornada, todos nós temos uma. É ela que torna singulares a *minha* história e a *sua*. Você deve estar pensando: "E daí? Muito bem, temos estes filhos que são realmente individualistas. Conseguimos convencê-los de que fazem parte dessa história maior na qual Jesus é o herói, e só por causa disso algo espetacular assim acontece?". Sim, acontece. Por ser tão simples assim é que acontece.

Podemos permitir que nossos filhos sintam a fascinação de fazer parte de algo maior que eles. Podemos lhes narrar a história no contexto do grande panorama e ainda criar oportunidades para que coloquem em ação aquilo que estão aprendendo. Em última análise, isso pode criar neles uma sede de saber mais e validar o que lhes estamos ensinando.

Pare por um instante e pense em *sua* história. Pense em seus começos e em sua família de origem. Como Deus usou as circunstâncias de sua vida, tanto positivas como negativas, para levá-lo até ele? Em que ponto ou em que pontos de sua vida você reconheceu a intervenção de Deus? Quando percebeu que a vida era maior que viver para si mesmo? Como isso influenciou seu modo de viver, de gastar seu dinheiro ou de interagir com os outros? Como o Divino se encontrou com sua existência mortal? Essa é a sua história. Essa é a essência de quem e por que você é. Essa é a história que vale a pena ser contada!

Às vezes, no cristianismo, damos a isso o nome de testemunho. Infelizmente, temos o hábito de ver milagres no testemunho da vida dos outros, não da nossa. Admiramos aqueles que foram resgatados do abismo da destruição e das garras da decepção e do

46 Espiritualidade em família

abuso. Temos a tendência de não considerar como testemunho a história de alguém criado na fé em Cristo desde tenra idade.

Certa vez, alguém fez um comentário a respeito de minha história — que não teve nenhum momento radical de mudança de vida —, perguntando-me se Deus era mais poderoso quando resgatava uma pessoa de uma vida de total destruição ou quando orquestrava eventos para sempre evitar que aquilo acontecesse. Não há nenhuma resposta aceitável a essa pergunta, porque toda a obra redentora de Deus é admirável, não importa a opinião de quem a presenciou. Somos todos pecadores, e todos nós necessitamos de um Salvador. Como cristãos, todos nós fomos redimidos e todos nós temos uma história.

Contando a história de nossa vida

Há poder em contar nossa história a nossos filhos. Quando são pequenos, eles podem começar a ouvir partes de nossa história e ser testemunhas de como Deus continua a moldá-la. Adoro contar a meus filhos os aspectos da história de minha fé no contexto da idade deles naquela época.

Por exemplo, quando minha filha estava lutando para fazer amizades no quarto ano, contei a ela como Deus havia agido em minha vida em relação ao mesmo assunto na época em que eu também estava cursando o quarto ano, e o que senti que ele fez em razão de minha dependência dele durante aqueles tempos de solidão.

Ou quando meu filho estava entrando na adolescência e declarou que poderia se sair bem na escola sem ter de se esforçar muito para fazer os deveres de casa. Contei a ele como eu me sentia a respeito da escola no início da adolescência. Expliquei como Deus me mostrou que dar o melhor de mim em todas as situações era uma virtude que impactaria o resto de minha vida e minha fé em geral.

Até os pais que não tiveram um relacionamento de fé com Deus na infância ou na adolescência podem contar como os eventos de sua vida, na época, os conduziram à fé ou como poderiam ter tido uma vida mais proveitosa se soubessem que havia um Deus que os amava e tinha um lugar para eles na grande história que ele está escrevendo.

O impacto de nossa história na vida de nossos filhos é inestimável, pois lhes revela o que está por vir no contexto concreto deles, aqui e agora. É claro que Deus tem uma jornada diferente para cada um de nós, mas, quando vivemos e compartilhamos nossa história de fé, damos a nossos filhos a esperança de algo mais, de algo maior que a grandeza que eles veem na atual situação.

Nossos filhos na história de Deus

Além de contar a Grande História de Deus e compartilhar generosamente a nossa, é importante ajudarmos os filhos a ter um vislumbre do roteiro da história da qual eles fazem parte de maneira única.

Alguns anos atrás, levamos nossos dois filhos à República Dominicana numa viagem familiar missionária. Essa é uma excelente maneira de mostrar aos adolescentes que a vida é maior que seu pequeno mundo. Uma viagem missionária exige sacrifícios da parte deles, o que combate o desejo intenso de permanecerem egocêntricos. Eles conhecem pessoas de outras culturas e línguas que chamam Jesus de seu Senhor, e sentem a própria pequenez (mas também sua importância) em relação ao herói verdadeiro. A viagem missionária também proporciona aos adolescentes algumas experiências concretas de que eles necessitam para tornar vivo o roteiro da história do poder de Deus, de modo que ela passe a ser parte real do cotidiano.

Passamos três meses nos preparando para essa viagem, recebendo orientação para missões e participando de reuniões de treinamento. Nessas reuniões, cada um de nós escolheu as equipes com as quais colaboraríamos. Meu filho escolheu fantoches, apoio técnico e drama. Minha filha escolheu drama, artesanato e recreação. Assim como os outros participantes da equipe, meus filhos precisaram praticar seu testemunho. Cada pessoa tinha a oportunidade de contar sua história, e comemorávamos com ela. É claro que meus filhos ficaram nervosos na primeira vez que deram testemunho, mas, a cada vez, sentiram mais facilidade.

Um dia, enquanto servia em um leprosário compartilhando o evangelho com pessoas que tinham cicatrizes da doença, fiquei extasiada observando meus filhos. Meu filho subia para abraçar homens e mulheres sem mãos ou braços. Sem hesitação, sacudiu a parte restante do braço que um homem lhe ofereceu. Ele desempenhou o papel de Jesus na peça de teatro, oferecendo gentilmente seus braços estendidos àqueles que não tinham braços.

Minha filha cantou como um anjo naquele dia, canções que aprendeu na língua daquele povo; posteriormente, deu seu testemunho diante de mais de sessenta pessoas por meio de um intérprete. Chorei. Agradeci a Deus. Sabia que, mesmo que fosse apenas um dia, eles haviam captado uma parte da Grande História de Deus. Daquele momento memorável em diante, a vida não mais girou em torno deles nem do que possuíam ou haviam feito. Passou a girar em torno de Jesus e de seu amor. Nunca me esquecerei daquele dia, e possivelmente, mais importante ainda, nem eles.

Conte a história

O simples fato de contar a Grande História de Deus ajuda nossos filhos a entender a grande metanarrativa. Também podemos escrevê-la numa folha de papel, para que eles vejam a sequência dos eventos. Eles podem ver o que aconteceu até agora e, em vez de ler o último capítulo de um livro, saber o que está por vir.

Quando lemos ou contamos uma história da Bíblia, devemos pedir às crianças que a coloquem numa série de eventos mais amplos e expliquem quando e onde a história ocorreu. Devemos sempre fornecer o contexto do que estava acontecendo e sempre colocar Jesus, o Redentor, ou Deus, nosso Pai, como protagonista, mesmo que o personagem principal da história pareça ser outro.

Finalmente, como pais, precisamos sempre tornar conhecido o Jesus do Apocalipse. Apresente Jesus como o herói de sua vida e da vida de seus filhos. Jesus nos amou e nos ama heroicamente, deixando de lado suas necessidades e desejos para morrer por nós. Ele responde às orações heroicamente, ouve heroicamente e vence o mal heroicamente. Todos os dias, seus filhos devem aguardar com grande expectativa o que acontecerá a seguir no roteiro da história de nosso herói.

Costumo dizer a meus filhos antes de saírem para a escola: "Não sei como Deus lhes mostrará seu cuidado hoje, se falará a vocês sobre determinado problema por meio de sua Palavra ou por meio de alguém que os ama, ou como ele lhes mostrará seu poder na criação. Permaneçam de prontidão. Não sei como ele vai fazer isso, mas vai fazer. Fiquem atentos! Hoje *vocês* farão parte da maior história já contada".

4

SANGUE REAL

O ambiente da identidade

Em *O Hobbit*, de J. R. R. Tolkien, o mágico Gandalf disse a Bilbo Bolseiro, o herói improvável e relutante: "Há mais para você do que você sabe". Ele disse isso por saber que nas veias do hobbit não corria apenas o sangue do lado sedentário da família Bolseiro, mas também o sangue do lado fanfarrão da família Tûk. Temos uma mistura de sangue dentro de nós vinda de uma linhagem que é tanto humana quanto divina. [...] Na maior parte do tempo, porém, vivemos entocados em nosso buraco de hobbit e não pensamos nem um pouco em nossa herança familiar.

KEN GIRE[1]

Quem sou eu?
Quando começamos a perceber o quanto a história de Deus é maravilhosa, uma pergunta surge naturalmente: "*Quem sou eu* para fazer parte da maior história contada até hoje?". Pense um pouco nessa pergunta. Como você responderia a ela? Há várias respostas corretas que lhe vêm à mente? Ou você se esforça para saber qual é o verdadeiro significado dela? Tem a sensação de que Deus, o Criador de todas as coisas, criou você e me criou — para um propósito único? São perguntas que dão forma ao ambiente da identidade. O fato de que você e eu chegamos a ser convidados para fazer parte da grande narrativa de vida, amor e redenção de Deus só é verdadeiro por causa de Cristo. É por isso que afirmamos que nossa identidade com Deus se encontra em Cristo.

Lembro-me de ter enfrentado dificuldades com esse conceito pela primeira vez na adolescência. Quando temos 16 anos, somos identificados pelos amigos, pelas roupas e pelas habilidades acadêmicas ou atléticas. Esforçava-me para entender o que significava encontrar minha identidade em Cristo. Parecia bom. Aparentemente me traria liberdade, mas eu não sabia como pensar de modo diferente a respeito de mim.

Ao me tornar mãe, queria muito que meus filhos reconhecessem a identidade exclusiva deles proporcionada por Deus. Enquanto eu via meus filhos lutando com isso, Deus começou a revelar-me por que *minha identidade* era fundamental para o tipo de fé que eu queria para eles. Pela primeira vez, fui despertada para a realidade de quem eu acredito que Deus me criou para ser e de qual plano acredito que ele tem para eu cumprir. Esse despertar começou a modelar a maneira como eu me via e me levou a tomar decisões de acordo com ela.

Como testemunha ocular da vida de meus filhos, pude ver que a maneira como eles se viam influenciava suas decisões. Quando o mundo lhes dizia que eram feios, irritantes, idiotas ou indesejados, eu queria gritar a plenos pulmões: "Não, vocês não são! Vocês são amados, queridos e valiosos!". Era frustrante ver que um garoto qualquer da rua tinha mais credibilidade que eu.

Pensei, então, em Deus como *meu* Pai. Pensei nas vezes que o mundo me disse que eu não tinha nenhum valor, não era amada e não estava à altura de nada — e nas decisões que tomei com base nisso. Eu queria ter valor, ser amada e viver de forma que provasse que estava à altura dos outros. Carinhosamente, Deus estava gritando por meio de Jesus: "Você tem valor! Você é amada! Eu sou suficiente!". Aquele foi o momento "é isso!" que promoveu uma mudança total.

À imagem de Deus

Quando recebemos a identidade de Deus para nós (e acreditamos nela), passamos a conhecer o significado de liberdade. De repente, as opiniões do mundo e dos que nos rodeiam tornam-se pálidas em comparação com a voz de nosso Pai. Quando vivemos em nossa identidade, buscando ter a vida para a qual fomos criados em Cristo, podemos formular sinceramente a próxima pergunta:

"E quanto ao meu *filho*, Deus o criou para ser quem?". É aqui que começamos a entender o coração do Pai em relação a sermos pais cheios do Espírito.

Essa é, em geral, uma postura difícil para os pais. Acreditamos que nossos filhos pertencem a Deus e que foram criados para sua glória, mas a vida diária nos leva a crer que eles foram criados para *nos* refletir em vez de refletir o Pai. Lembro-me de ter pensado e até dito a meus filhos: "Não façam isso, pois me envergonharão diante de meus amigos". Eu estava comunicando, naquela sentença, que meus filhos são um reflexo meu e devem provocar elogios a mim, e não me envergonhar com suas ações. Que arrogância a minha! Em vez disso, devemos ver nossos filhos, desde o início, como criaturas criadas à imagem de Deus para a glória dele.

Cada um de nós foi criado à imagem de Deus. Somos portadores de suas digitais, e não existem duas iguais. No fim de nossa jornada como pais, não desejamos ardentemente que nossos filhos sejam semelhantes a Cristo? Esse é um objetivo muito maior que simplesmente tentar impedir nossos filhos de nos envergonhar em público, certo?

E como conseguiremos isso?

- Precisamos nos arrepender da tentação de criar e modelar nossos filhos à nossa imagem.
- Precisamos morrer para nós mesmos e para nossas ambições pessoais em relação a nossos filhos e buscar Deus sinceramente todos os dias, pedindo-lhe que revele seu plano a eles.
- Precisamos reconhecer mais uma vez o roteiro maior da história que Deus está escrevendo, isto é, sua grande narrativa redentora, na qual cada um de nós tem um papel a exercer. Isso inclui nossos filhos. Não queremos que eles percam o plano único que Deus criou para eles cumprirem.

Somente quando seguimos essas orientações é que estamos prontos para aceitar o que Deus reservou para nossos filhos. Quando somos pais cheios do Espírito, temos o privilégio de ver o plano de Deus ser revelado diante de nossos olhos.

Porque Deus disse assim

Um de meus lugares favoritos para buscar encorajamento nessa missão está na Bíblia, em Efésios 1. Estes versículos demonstram, em bela imagem retórica, o que é verdadeiro a respeito de nossa identidade em Cristo quando aceitamos Jesus como Salvador.

Bendito seja o Deus e Pai de nosso Senhor Jesus Cristo, que *nos abençoou* com todas as bênçãos espirituais nas regiões celestiais em Cristo. Porque Deus *nos escolheu* nele antes da criação do mundo, para sermos *santos e irrepreensíveis* em sua presença. Em amor nos predestinou para sermos *adotados como filhos*, por meio de Jesus Cristo, conforme o bom propósito da sua vontade, para o louvor da sua gloriosa graça, a qual nos deu gratuitamente no Amado.

Nele temos a redenção por meio de seu sangue, o perdão dos pecados, de acordo com as riquezas da graça de Deus, a qual ele derramou sobre nós com toda a sabedoria e entendimento. [...] Nele fomos também escolhidos, tendo sido predestinados conforme o plano daquele que faz todas as coisas segundo o propósito da sua vontade, a fim de que nós, os que primeiro esperamos em Cristo, sejamos para o louvor da sua glória.

Quando vocês ouviram e creram na palavra da verdade, o evangelho que os salvou, vocês foram selados em Cristo com o Espírito Santo da promessa, que é a garantia da nossa herança até a redenção daqueles que pertencem a Deus, para o louvor da sua glória.

Efésios 1.3-8,11-14

Não sei que palavras sobressaíram diante de você nessa passagem, mas ela é recheada de marcadores de nossa identidade em Cristo. Eu o encorajo a lê-la novamente — devagar, digerindo cada palavra. Porque, se começássemos a acreditar verdadeiramente em qualquer uma delas, cresceríamos um pouco mais e ficaríamos com a cabeça um pouco mais alta — se acreditássemos *realmente*! Pense nas provisões que Deus fez para nós, no que disse a respeito de nós agora e em nosso futuro e considerou importante fazer em nós por causa de seu grande amor. Penso que nosso estilo de vida seria impactado se considerássemos essas coisas verdadeiras.

É fácil dizer: "Sou apenas *um* no meio de sete bilhões de pessoas que habitam este mundo neste momento... e houve bilhões que viveram antes de mim; não passo de uma gotinha no oceano da humanidade". Infelizmente, nossos filhos poderão estar se sentindo da mesma forma no lar, na escola e na igreja. Talvez se sintam insignificantes e sozinhos.

Nancy Pearcey lembra-nos:

A Bíblia não começa com a Queda, mas com a Criação: nosso valor e nossa dignidade têm raízes no fato de que fomos criados à imagem de Deus, com o chamado sublime para sermos seus representantes na terra. Na verdade, o pecado é tão trágico *porque* só os seres humanos têm um valor tão alto. [...] Ele [porém] nos restaura à alta dignidade concedida originalmente na Criação, recuperando nossa verdadeira identidade e renovando a imagem de Deus em nós.[2]

E se nossos filhos agarrassem essa identidade encontrada em Cristo? E se essa verdade se aprofundasse no alicerce de quem eles são? Ocorreria uma mudança de vida, não?

Quer saber mais? Deus escolheu *você* para ser a primeira pessoa a introduzir essa verdade no coração de seu filho. Ele lhe *confiou* o privilégio único de ajudar seus filhos a descobrir a identidade deles!

Não se meta comigo!

Certa vez, escrevi uma declaração, com base em Efésios 1, que a meu ver poderia ajudar meus filhos a conhecer e entender sua verdadeira identidade. Queria que cada um deles mergulhasse nessa verdade para que soubesse, no íntimo, quem era quando fosse tentado a tomar uma decisão errada. Personalizei a ideia para cada filho e personalizei-a também para mim.

A minha dizia o seguinte: "Meu nome é Michelle Anthony. Sou a filha escolhida e adotada pelo Rei Altíssimo. Há uma herança eterna aguardando por mim no céu. Fui comprada e completamente resgatada pelo sacrifício perfeito do sangue do próprio Cristo e fui selada por toda a eternidade pelo Espírito Santo de Deus. Não se meta comigo!".

54　Espiritualidade em família

Essa é a confiança que eu queria que meus filhos tivessem! Queria que estas verdades dominassem a cabeça deles: Sou filho, fui comprado, fui escolhido, sou adotado, sou herdeiro e meu pecado foi totalmente pago. Todas essas coisas gritam por liberdade! Coloquei a declaração na parede perto da cama deles, dentro da Bíblia e nas lancheiras, para que se lembrassem de quem eram quando o inimigo tentasse seduzi-los a acreditar no oposto.

Leão andando ao redor e rugindo

O inimigo vai seduzir nossos filhos. Vai oferecer-lhes uma ampla variedade de identidades falsas. Vai mentir para eles, enganá-los e roubar a verdadeira identidade deles, se puder. Tudo que o inimigo deseja é destruí-los. Lemos em 1Pedro 5.8: "O Diabo, o inimigo de vocês, anda ao redor como leão, rugindo e procurando a quem possa devorar". Como mãe, quero proteger meus filhos a todo custo, porém às vezes perco *esse* inimigo de vista. Não vejo que o inimigo verdadeiro do coração e da alma de meus filhos é um ser maligno poderoso que cai sobre eles como ave de rapina. Com trapaça e distorção, ele promete tudo e não dá nada, exceto dor, arrependimento e escravidão.

Acho interessante o apóstolo Paulo começar sua carta à igreja em Éfeso proclamando a identidade de seus membros em Cristo e terminá-la reconhecendo que o próprio Satanás quer não apenas distorcer essa identidade, mas também a destruir.

> Finalmente, fortaleçam-se no Senhor e no seu forte poder. Vistam toda a armadura de Deus, *para poderem ficar firmes contra as ciladas do Diabo*, pois a nossa luta não é contra seres humanos, mas contra os poderes e autoridades, contra os dominadores deste mundo de trevas, contra as forças espirituais do mal nas regiões celestiais.
>
> Efésios 6.10-12

Paulo tinha certeza de que, assim como Cristo veio para nos dar sua verdade e seu caráter, Satanás também viria para roubar tudo isso de nós. A Bíblia diz que nosso inimigo, o Diabo, começou sua traição contra a humanidade no jardim, enganando Eva, e que seu ato final neste mundo se dará quando ele for solto para enganar as nações. Sua ferramenta favorita é a *trapaça*.

Certamente tenho visto seu efeito em minha vida, mas é doloroso ver essa trapaça afetando a vida de meus filhos.

A mentira

Meu marido e eu concordamos que, ao criar nossos filhos, lhes daríamos oportunidades cada vez maiores de ganhar liberdade e independência. Não queríamos negar-lhes todas essas oportunidades para depois os soltar repentinamente no mundo aos 18 anos. Algumas vezes, encontrar o equilíbrio para cada filho adquirir a confiança necessária à vida adulta é muito complicado. Necessitávamos constantemente de sabedoria e orientação para entender cada filho e determinar quando deveríamos ampliar seus limites e quando eliminar alguns.

Aos 16 anos, nossa filha tinha o grande desejo de dormir sozinha em casa. Queria enfrentar a situação com coragem e adquirir a confiança necessária para preparar a própria comida, trancar o portão, cuidar dos animais de estimação e acordar vitoriosamente com a casa ainda em pé. Achei que seria um desafio para ela. Tínhamos algumas dúvidas, claro, mas quando chegou um convite para passarmos a noite num retiro não muito distante... decidimos dar-lhe aquela oportunidade. Minha filha tinha carta de habilitação para dirigir carro em caso de emergência, alguns de nossos amigos moravam perto e meu filho dormiria na casa de um colega. Dissemos que ela poderia convidar duas amigas íntimas, trancar as portas e ver filmes. Parecia um bom plano, certo? Errado!

Na manhã seguinte, recebemos um telefonema de nossa filha querendo saber quando voltaríamos para casa. Hummmmm. Aquela era a nossa filha independente. Com certeza não estava com *saudade* de nós. Entendemos como um sinal para que meu marido voltasse imediatamente para casa. O que ele encontrou foi mais do que poderíamos ter imaginado. Os vestígios do que deveria ter sido a festa do século deixaram um rastro desde o jardim até a porta da casa. Dentro havia três garotas tremendo de medo e culpa. O lixo, o mau cheiro, os olhares dos vizinhos — tudo retratava o que havia transpirado nas doze horas antes da chegada de meu marido. As garotas começaram a chorar.

Controlando o prejuízo

A história foi revelada: as três adolescentes simplesmente convidaram alguns amigos e amigas, que convidaram alguns amigos e amigas, que convidaram alguns amigos e amigas... e assim por diante. A lista foi crescendo e, com ela, a imoralidade. Quando a casa ficou lotada (e um pouco mais que isso), minha filha só reconhecia alguns rostos. A situação saiu tão fora do controle que ela ficou apavorada. Foi quando se ouviu uma batida na porta: uma visita amigável do departamento de polícia local.

Há um fato que torna essa história ainda mais interessante: meu marido é capelão do departamento de polícia. Assim que entraram em casa, eles se perguntaram: "Esperem, esta não é a casa do capelão Anthony?". Que beleza! Não eram exatamente as palavras que queríamos ouvir! A polícia esvaziou a casa imediatamente e repreendeu minha filha com firmeza e sabedoria. Ela começou a limpar tudo e a aguardar nossa volta.

Enquanto eu voltava para casa, meu marido me ligou para me preparar, e eu pedi para falar com minha filha. Ela disse chorando "Sinto muito, mamãe" milhares de vezes. Orei ouvindo-a lamentar-se do outro lado. Queria muito ser uma mãe cheia do Espírito naquele momento. Não queria simplesmente castigá-la (apesar de ter algumas grandes ideias correndo pela mente). Queria *redimir* aquele momento para que ela se sentisse da melhor forma possível. Afinal, não é assim que nosso Pai cuida de nós?

O primeiro (e único) pensamento que me veio à mente foi que minha filha se esquecera de *quem* ela era. "É claro que ela não tem consciência de sua verdadeira identidade, caso contrário teria tomado decisões melhores", pensei. Então lhe pedi que escrevesse uma breve redação intitulada "Uma garota cristã de 16 anos". Queria que ela descrevesse como seria essa pessoa de acordo com os padrões de Deus e de sua Palavra. Não queria dar-lhe um sermão — estava curiosa para saber como seria essa pessoa aos olhos *dela*.

Enquanto dirigia de volta para casa, pensei em abandonar minha função na igreja — e minha função como mãe. Estava desanimada. De que adiantava toda aquela conversa sobre como ser mãe se estava claro que eu não havia incutido a identidade de Cristo em minha filha? Sentia-me fracassada.

Quando entrei em casa, deparei com a dura realidade de tudo que havia ocorrido em nossa ausência. Avaliamos o prejuízo e o que havia sido roubado. Tentamos descobrir o que acontecera e como a situação saíra do controle. Conversamos com os vizinhos. Oramos pedindo sabedoria a Deus. Subi a escada para ir ao quarto de minha filha e encontrei estas palavras presas com adesivo na porta:

"Uma garota cristã de 16 anos", por Chantel Anthony (16 anos)
Ela deve ser exemplo para todas as amigas de como Cristo gostaria que vivêssemos. Ela deve viver para Cristo — viver em voz alta, não apenas falar, mas agir de acordo com o que diz. A maneira como ela fala não deve contradizer a maneira como ela vive. Uma garota cristã não deve sentir a dor da culpa, mas sentir-se livre porque conhece a verdade. As prioridades dela são controladas: Deus em primeiro lugar, depois os outros. Ela não menospreza o Espírito Santo quando ele bate à porta de seu coração, mas atende imediatamente. Ouve a própria consciência e a voz do Espírito Santo porque sabe que Deus conhece tudo.

Ela resiste à pressão das colegas e não permite que o mundo a transforme em algo que ela não é. Permanece firme e dá bom exemplo para os outros seguirem. Fala a verdade e é confiável, honrada e obediente. É luz na escuridão e uma canção de amor que reflete Deus em toda a sua glória. Fala abertamente sobre suas crenças e não se importa com o que os outros pensam dela. Age como o próprio Cristo agiria se vivesse aqui na terra. É pura e inocente diante dele.

É digna da confiança de seus pais, é amada e admirada pelas amigas. Incentiva as amigas a ter uma vida melhor em vez de deixar que elas e o resto da sociedade vivam de conformidade com o mundo. Encontra consolação no Senhor. Descansa nele e invoca-o em tempos de aflição em vez de tentar resolver problemas sozinha. É amada e recompensada por Deus, e Deus se agrada dela. Está crescendo no Espírito em Cristo e reconhece que cada obstáculo que surge em seu caminho tem a única finalidade de colocá-la à prova e fortalecê-la.

Essa garota de 16 anos deveria ser eu, mas estava muito envolvida com o mundo para me importar com isso. Quero mudar e me tornar esse exemplo verdadeiro de Cristo, ser uma canção de amor ao mundo.

Fiquei maravilhada. Não tinha ideia de que tudo que meu marido e eu escrevemos no coração de minha filha, durante tantos anos, havia realmente criado raízes. Ela conhecia tudo aquilo. Desejava tudo aquilo. Entendia as profundas verdades espirituais que somente Deus lhe poderia ter revelado. Enfim, sabia definir sua identidade. Ela havia cometido um erro — um grande erro — e cometeria muitos outros. Mas, em última análise, ela conhecia a finalidade para a qual havia sido criada e o Deus que a criara — o que era muito diferente do que eu pensara no percurso de volta para casa. Evidentemente, haveria correção de rumo e consequências naturais; contudo, meu coração estava repleto de alegria, porque eu sabia que o esforço de conhecer sua identidade estava enraizado no fundo do coração dela. Se ela sabia quem era, mas não agiu de acordo, foi por puro *esquecimento*.

Identidade esquecida

De vez em quando, todos nós padecemos do mal da identidade esquecida. Eu padeço! Trata-se de um caso de amnésia espiritual, e seus efeitos são debilitantes. Eu sabia que aquela era uma fase crítica na vida de minha filha, então continuei a perguntar a Deus como eu deveria agir dali em diante. Só ele sabia como cuidar *daquela criança* numa *situação como aquela*. A decisão que tomei poderá parecer estranha, mas entendi imediatamente que precisava fazer aquilo.

Apresentamos à minha filha a lista das consequências de seu erro e lhe pedimos que fizesse as malas. Não, não decidimos enviá-la à casa de uma tia distante e esquecida (mas confesso que demorei um pouco para revelar nossa decisão, a fim de que ela tivesse tempo para pensar no que poderia acontecer!). Em vez disso, planejei uma viagem com ela às montanhas. O quê? Para a maioria das pessoas de fora, isso pareceria uma recompensa, não uma consequência. Mas minha filha havia se esquecido de quem ela era e precisava passar uns tempos comigo, só comigo. Orei pedindo a Deus que a ajudasse a *esquecer* as distrações da vida enquanto estivesse sozinha comigo.

Nadamos juntas, surfamos no lago e conversamos durante horas, fizemos compras, li para ela, tomamos café da manhã à beira do lago — e, aos poucos, vi "minha filha" emergir novamente. Ela estava começando a se lembrar. Voltamos para casa, e ela sentiu-se renovada e mais forte. Começou o novo ano na escola

SANGUE REAL 59

com uma sensação cada vez maior de ter despertado para sua verdadeira identidade, que continua a ser moldada até hoje.

Só passei a dar pleno valor àquele momento alguns meses atrás. Depois de três anos de nossa viagem às montanhas, estas foram as palavras de minha filha escritas recentemente num cartão do Dia das Mães: "Eu a amo porque você me levou ao lago depois que eu dei aquela festa... Obrigada porque você nadou, conversou e fez compras comigo. Obrigada por querer estar comigo". Uau! Depois de todo esse tempo ela ainda se lembrava do dia em que tomou uma decisão errada e eu não *a mandei embora...* mas, em vez disso, *aproximei-a* mais de mim.

Deus ajudou-me a ser uma mãe cheia do Espírito naquele dia. Não sou hábil o suficiente para ter ideias como aquela! Não sabia o que se passava no íntimo de minha filha e que precisava ser curado... ou o que precisaria ser feito para curar. Tirar o celular dela ou o carro pode parecer dar resultado, mas, naquele caso, Deus queria ensinar algo a ela sobre ele próprio. Ela comentou que, agora, quando erra, não sente necessidade de esconder-se ou fugir de Deus. Sabe que pode aproximar-se dele para lembrar-se de quem ela é — simplesmente passando um tempo com ele.

Eu escolhi a verdade

As palavras que minha filha escreveu em sua declaração de identidade levaram-me várias vezes a refletir seriamente. A fé verdadeira ocorre quando se infiltra totalmente em quem eu sou. Torna-se, então, quase impossível negar essa fé ou agir de modo incoerente com ela. É disso que Paulo fala em Efésios 1. Ele diz em essência que, tão logo entendermos a magnitude de quem somos em Cristo, *todo o resto* será afetado.

E quando ela não causa esse impacto é porque, em geral, usamos a fé como um "recurso extra". Está a nosso dispor quando nos convém ou quando *achamos* que nos convém. Nesse caso, roubamos de nós mesmos a transformação verdadeira, porque onde existe verdade com fé existe transformação genuína. A identidade verdadeira me dá confiança para declarar à tentação: "A pessoa que sou em Cristo é algo muito mais profundo, muito mais importante, e é eterno, ou seja, é mais que este momento, este momento *tão insignificante*. Escolho, portanto, a verdade".

60 ESPIRITUALIDADE EM FAMÍLIA

Puxa! Quero isso para meus filhos — e para mim também, porque não posso passar adiante aquilo que não possuo.

Mas eles vão cometer erros

Penso que essa é a conversa que tenho com mais frequência com meus filhos. A conversa da identidade perdida. A conversa da redenção. Meus filhos vão cometer erros. Vão escolher a mentira, vão morder a isca. Nós mordemos. Mordemos, sim. Pense nisso.

No entanto, os pais cheios do Espírito dizem aos filhos: "Sim, desta vez você não escolheu a verdade, mas essa escolha não *define* você. *Não* define quem você é. Trata-se de algo que você *fez*, mas não de quem você *é*. Você ainda é a mesma pessoa. Ainda pertence a Deus — está em Cristo. E isso não lhe pode ser tirado". Precisamos lembrá-los de sua verdadeira identidade, porque a culpa e a vergonha são demônios debilitantes.

Max Lucado disse certa vez:

> Satanás [lança] as sementes da vergonha. Se não conseguir seduzir você com seu pecado, ele o fará afundar na culpa. Nada lhe agrada mais que vê-lo escondendo-se num canto, envergonhado porque continua a lidar com o mesmo velho hábito. "Deus está cansado de suas lutas", ele sussurra. "Seu pai está cansado de seus pedidos de perdão", ele mente. [...] [Mas sua] tentação não é notícia em primeira mão no céu. Seu pecado não surpreende Deus.[3]

Certa vez, meu marido usou uma metáfora intrigante para ilustrar essa verdade, descrevendo um livro muito volumoso. As páginas, na maioria, eram brancas, porém muitas estavam escurecidas com diversos tons de preto. Ao descrever uma das páginas escurecidas do livro, ele comentou que ela representava fracasso e pecado. Comentou, também, que aquela era apenas uma página. A página escura não definia o livro, nem as outras que faziam parte dele. Em vez disso, o livro era definido por seu título e pelo que estava escrito em todas as suas páginas.

Todos nós temos momentos, e até períodos, escurecidos na vida. Nossos filhos também terão. No entanto, a história é muito maior que esses momentos. Deus é maior que nossos pecados e erros, maior até que o texto escrito naquelas páginas que preferiríamos esquecer. Ao fazer uma retrospectiva, vejo que, em geral, são essas páginas que me tornam mais bonita à medida que minha história de redenção é contada na grande narrativa de Deus. Quando nossos filhos erram, precisamos lembrá-los de quem eles são, para que possam caminhar na confiança da graça de Deus, que ele derramou sobre cada um de nós em Cristo Jesus (Ef 1.7-8).

Nossas palavras definem

Nossas palavras têm um peso enorme na mente de nossos filhos. Na verdade, elas moldam a opinião que eles têm de si mesmos de modo muito profundo. Dizer coisas como "Você é muito teimoso", "Você é muito negativo" ou "Você não é uma pessoa agradecida" cria identidade para eles, mas de forma errada. Estranhamente, temos a tendência de fazer declarações de identidade sobre os aspectos negativos de nossos filhos. Dizemos coisas como "Ela é tímida" ou "Ele não é muito esportista" em vez de incentivá-los, dizendo "Ela é rápida para ouvir, adapta-se fácil ao ambiente" ou "Ele tem o dom das artes".

Muitos de nós tivemos pais que nos disseram coisas que sabemos não serem verdadeiras, mas continuamos a lutar com elas porque aquelas palavras (ou a falta delas) marcaram nosso coração quando éramos pequenos e nossa identidade estava sendo formada. No entanto, temos um Pai celestial que escolheu intervir radicalmente em nosso sofrimento, por meio de Cristo, e redimir-nos com seu amor! Podemos nos apropriar da cura que recebemos e passá-la à próxima geração, falando diretamente ao coração deles. Eles precisam acreditar que essas coisas são verdadeiras. Parte da vida de nossos filhos será centrada no que você e eu acreditamos que eles são. Nossos filhos precisam acreditar que *são* a pessoa que Cristo os identificou para ser.

A bênção

Uma das maneiras de fazer isso é abençoar nossos filhos com palavras. A bênção é uma bela dádiva que lhes oferecemos. Começamos a abençoar nossos filhos na hora de dormir quando eram pequenos. Quando ficaram mais velhos e não precisávamos mais colocá-los na cama, nós os abençoávamos antes de saírem para a escola ou ao deixá-los na quadra esportiva para treinamento.

62 ESPIRITUALIDADE EM FAMÍLIA

A bênção pode ser dada de várias formas: ler a Bíblia para eles, orar por eles repetindo as palavras da Bíblia ou, simplesmente, orar repetindo-lhes as verdades da Bíblia. É bom tocar neles, para afirmar seu amor. Olhe nos olhos de seu filho e diga: "Seu pai ama você" ou "Sua mãe ama você", e depois ore o que seu coração lhes deseja.

Eu abençoo meu filho orando: "Brendon, sua mãe ama você. Oro esta bênção para que você seja forte e corajoso, seja destemido em sua fé, defenda o que sabe que é certo. Creio que essas coisas acontecerão em sua vida por causa do Espírito Santo e do poder que é seu em Cristo Jesus". É um privilégio único: orar pelos filhos, afirmar a identidade deles em voz alta. Costumamos orar silenciosamente por nossos filhos, mas, se proferirmos uma bênção sobre eles com fé, Deus poderá usar essas palavras para dar-lhes confiança em sua identidade à medida que colocamos em palavras a obra que Deus está realizando na vida deles.

Escolhendo uma identidade

Nossos filhos são tentados todos os dias a ter outras identidades. A pergunta não é se eles escolherão uma ou não, mas *qual* escolherão. Os pais cheios do Espírito levam a sério o ambiente da identidade, pois entendem que há muita coisa em jogo! Se não lhes oferecermos a identidade de conhecer Cristo e de ser transformado por seu Espírito, não se engane: o mundo lhes oferecerá uma ampla variedade de escolhas. É por isso que Paulo recomenda enfaticamente: "Não se amoldem ao padrão deste mundo, mas transformem-se pela renovação da sua mente" (Rm 12.2). A mente de nossos filhos é renovada pela verdade de Deus em nossa vida e em sua Palavra.

É normal que os pré-adolescentes e os adolescentes experimentem várias identidades, da mesma forma que experimentam roupas diferentes para ver qual lhes cai melhor. No entanto, aqueles que receberam uma nova identidade em Cristo estão selados pelo Espírito Santo. O Espírito lhes será fiel e continuará a agir no coração deles a vida inteira. Sinto-me reconfortada ao lembrar-me de Filipenses 1.6: "Estou convencido de que aquele que começou boa obra em vocês, vai completá-la até o dia de Cristo Jesus".

Meu filho completou 16 anos recentemente. Talvez ele não enfrente o mesmo momento de identidade esquecida que minha filha enfrentou com essa idade, mas sei que ele terá a própria identidade. Oro pelo coração de meu filho, sabendo que, embora o inimigo queira devorar sua fé, Jesus está intercedendo por ele todos os dias. Jesus trabalha continuamente no coração de minha filha e de meu filho — e no meu também, a fim de que eu jamais me esqueça de que também sou uma filha de Deus que exibe as marcas de sua identidade.

5
AJUDA DOS AMIGOS
O ambiente da comunidade de fé

A fé das crianças tem grande probabilidade de aumentar quando elas têm a oportunidade de conviver com adultos experientes que conhecem e amam a Deus. A fé da criança é inspirada quando ela pertence a uma comunidade inclusiva que busca pôr em prática o amor divino.

CATHERINE STONEHOUSE[1]

Meus amigos estão esperando
Certa manhã, quando tinha apenas 4 anos, meu filho subiu sozinho em minha cama. Com muito cuidado, curvou-se em direção ao meu rosto e começou a abrir meus olhos carinhosamente com seus dedinhos. Ouvi-o dizer baixinho:

— Não fique de olhos fechados, mamãe.

Sonolenta, eu repliquei:

— Mamãe quer ficar de olhos fechados — na esperança de que ele entendesse e me desse mais alguns minutos. Mas, ai de mim, ele não entendeu.

— Hoje é domingo, mamãe, e meus amigos estão me esperando — ele disse, com muita sinceridade.

Despertei imediatamente, surpresa por meu filho saber que era domingo, querer ir à igreja e entender que havia um grupo de amigos a sua espera. Para grande alegria dele e satisfação minha, reunimos a família e dirigimo-nos à comunidade que havia sido, por um momento, considerada apenas parte da rotina da vida.

Nenhum homem é uma ilha

Não fomos criados para viver isolados. Não fomos destinados a viver sozinhos esta vida que chamamos de cristã. Sem nos envolver numa comunidade de fé vibrante, temos uma vida de fé isolada e, quando isso acontece, esquecemos quem somos. Conforme discutimos no capítulo 4, nossa identidade causa um impacto profundo no modo como vivemos e nas escolhas que fazemos. A pessoa que acreditamos ser e o alvo que estabelecemos para nosso coração determinam o epílogo da história de nossa vida rumo à eternidade. À medida que a batalha contra nossa identidade se trava, a comunidade de fé nos dá força.

Deus planejou a comunidade de fé para fortalecer cada cristão para essa batalha que enfrentamos quando abandonamos a segurança da "família". A comunidade de fé oferece um sistema de apoio entre pessoas com pensamentos semelhantes, que acreditam nas mesmas verdades e, no final, querem as mesmas coisas desta vida. Essa fé e esses valores compartilhados proporcionam excelente alicerce a nossos filhos, principalmente durante os anos de desenvolvimento. E, à medida que eles crescem, os fins de semana na igreja ou os eventos inspirados na fé dentro de uma comunidade vibrante de cristãos oferecem-lhes um afastamento temporário das pressões do mundo e das zombarias antagônicas.

Os educadores cristãos Merton Strommen e Richard Hardel ilustram esse ponto em seu livro intitulado *Passing on the Faith* [Passando a fé adiante]:

> Vivemos num tempo em que as famílias estão se desintegrando. Continuará a haver pessoas sofrendo, mais jovens psicologicamente marcados por cicatrizes, mais famílias fragmentadas no futuro de cada congregação. Um número cada vez menor de jovens saberá o que significa viver numa família unida e a segurança de ser amado e bem cuidado. Para eles, a congregação de fé pode proporcionar a experiência de fazer parte de uma família unida.[2]

É tentador para os pais pensar que, com a vida tão agitada e tantas tarefas a cumprir, a folga no domingo seja o único momento para simplesmente descansar. Podemos ter boas intenções, mas quase sempre a ida à igreja passa a ser "apenas uma coisa a mais" na agenda de uma família cheia de compromissos. Muitas igrejas nos Estados Unidos consideram "frequentador assíduo" quem vai à igreja uma vez por mês! Isso, porém, não é nem de longe um apoio para nenhum de nós.

Valores compartilhados

Quando eram pequenos, meus filhos tiveram dificuldade de sentir como é viver numa verdadeira comunidade com outros cristãos; eles só conseguiram porque fui perseverante em criar esse ambiente. Nossos filhos necessitam muito da comunidade de fé, pois é o lugar onde há outras pessoas que adoram o mesmo Deus, creem nas mesmas coisas e têm uma vida igual à delas. Eles precisam saber que não estão sozinhos.

Meus filhos cresceram sem que tivéssemos parentes por perto, de modo que a comunidade de fé passou a ser nossa "família". Saíamos de férias com pessoas da igreja, passávamos os feriados com elas e participávamos dos eventos comemorativos e esportivos de cada família, inclusive da nossa. Houve ocasiões em que choramos por não morar mais perto de nossos parentes, mas Deus mostrou-nos como encontrar relacionamentos profundos em nossa família espiritual.

Recentemente, na festa de formatura do ensino médio de minha filha, olhei ao redor e notei que, das trinta pessoas que comemoravam com ela, apenas seis tinham ligações sanguíneas conosco. Cada pessoa escreveu uma bênção de encorajamento e apoiou com firmeza a decisão dela de ter uma vida dedicada a Cristo. Essa comunidade de fé fortaleceu a identidade de minha filha na infância e, de agora em diante, terá impacto em sua vida adulta.

Experiências compartilhadas sobre Deus

Deus também planejou que vivêssemos dentro da comunidade de fé para conhecê-lo pessoalmente, e essa experiência só acontece quando estamos muito próximos uns dos outros. A comunidade de fé cria ambiente para preparar e discipular pais e filhos, celebrar a fidelidade de Deus e trazer riqueza de adoração por meio da tradição e das liturgias. No fundo, tudo isso oferece a nossos filhos um forte sentido de identidade, segurança e pertencimento.

68 ESPIRITUALIDADE EM FAMÍLIA

Na antiga cultura judaica, as crianças participavam de sete festas anuais, nas quais podiam apreciar a comunidade de fé em toda a sua riqueza. Comiam alimentos deliciosos, participavam de danças culturais e passavam momentos agradáveis com pessoas que ficavam meses sem ver — primos, amigos e familiares de regiões distantes. Todos se reuniam para uma comemoração que durava de sete a dez dias!

Aquele tempo que passavam juntos na comunidade de fé era um marco decisivo no desenvolvimento da fé. Era uma experiência que moldava espiritualmente as crianças para viverem naquele tipo de expressão coletiva de adoração. Hoje, precisamos ser perseverantes para ter certeza de que estamos criando um ambiente que ofereça esse tipo de comunidade a nossos filhos.

Afastados da tentação

A comunidade de fé oferece também um afastamento momentâneo dos atrativos do mundo. O apóstolo Paulo explica que os dias nos quais estamos vivendo são maus. Ele nos avisa que devemos ter cuidado com nossa maneira de viver, aproveitando cada oportunidade ao máximo, porque os dias são maus. Em Efésios 5.15-17 ele diz: "Tenham cuidado com a maneira como vocês vivem; que não seja como insensatos, mas como sábios, aproveitando ao máximo cada oportunidade, porque os dias são maus. Portanto, não sejam insensatos, mas procurem compreender qual é a vontade do Senhor".

Não há necessidade de muitas explicações para nos convencer de que os dias são maus, certo? Vemos isso todos os dias nos noticiários, nas histórias que ouvimos, na dor que sentimos e testemunhamos. Alguns amigos meus decidiram não ter filhos simplesmente porque morrem de medo de criá-los neste mundo.

Mas o que Deus diz a respeito de como viver no meio desta maldade? Afinal, estamos aqui na terra porque ele determinou. Ele sabia, portanto, que criaríamos filhos num mundo hostil a ele. Não posso deixar de pensar nos hebreus, o povo escolhido de Deus, que teve de criar os filhos num lugar extremamente antagônico à fé que professavam: o Egito! O povo de Deus viveu no meio de milhares de falsos deuses, foi forçado a viver como escravo numa cultura que negava o único e verdadeiro Deus — e isso tudo por mais de 430 anos!

Redimindo o tempo

Então, que plano Deus nos oferece para viver nessa situação? Ele diz em Efésios 5: "Sejam sábios!". E diz que o caminho para a sabedoria é aproveitar ao máximo cada oportunidade. Como? *Redimindo esse tempo*. A palavra grega no original traduzida no versículo 16 por "aproveitar ao máximo" ou "redimir" é *exagorazo*. Trata-se de uma palavra curiosa, pois não é usada com muita frequência na Bíblia. É um excelente conceito! *Exagorazo* é a palavra usada para descrever algo que compramos ou adquirimos na *totalidade*.

Vamos ilustrar. Quando penso em fazer compras, penso em sapatos. Talvez você pense em bolsas ou pratos de porcelana, ou em outra coisa de que gosta muito, mas, quanto a mim, adoro sapatos. Por exemplo, se eu fosse à loja de sapatos e comprasse um par, esse ato seria descrito em grego pela palavra *agorazo*. Mas, se eu entrasse numa loja de sapatos e comprasse todo o estoque (imagine estacionar um caminhão de ré nos fundos da loja e abarrotá-lo com *todos* os sapatos), isso seria *exagorazo*. Para mim, seria um sonho se transformando em realidade. *Exagorazo* todos os sapatos!

Na Bíblia, *exagorazo* não tem a ver com sapatos — tem a ver com tempo. A palavra significa "comprar tudo". Foi assim que o Grinch roubou o Natal; ele não deixou nenhum enfeite, por menor que fosse, certo? Levou *tudo*. Então surge a pergunta: como você e eu compramos todo o estoque do tempo?

Bom, primeiro precisamos entender a que tipo de tempo Deus está se referindo. O tempo mencionado na passagem bíblica não é o tempo marcado por calendários ou relógios. Paulo usa a palavra grega *kairós*, que descreve uma "estação oportuna ou madura".

Seja sábio: os riscos são altos

Kairós é um tempo específico, oportuno. Como pais, precisamos reconhecer que não há melhor momento *kairós* que a infância para o desenvolvimento da fé. Somos sábios quando agarramos esse *kairós*, essa estação oportuna ou madura da vida de nossos filhos, para participar dele à medida que o Espírito Santo os impulsiona em direção à fé, ao tipo correto de fé. É esse tipo de fé que faz a conduta deles ser ação baseada no que dizem crer.

Se quisermos comprar "todo o estoque" do tempo que temos com nossos filhos com o propósito de formação de fé, precisamos ter certeza de que nossa casa é um lugar repleto de ambientes que nutrem a fé e que também damos a nossos filhos o privilégio de fazer parte de uma comunidade vibrante de fé composta de cristãos. Quando esses dois lugares — o lar e a comunidade de fé — trabalham em harmonia, a influência deles dura a vida toda. Sozinhos, nem o lar nem a comunidade de fé são capazes de fazer isso, mas juntos oferecem a melhor oportunidade para a fé criar raízes na vida adulta.

Não se engane: esse momento *kairós* que recebemos é curto, e aparentemente está ficando cada vez mais curto. Somos tentados a acreditar que temos mais tempo do que realmente temos. Alguém disse certa vez a respeito de criar filhos que "os dias são longos e os anos são curtos". Não é verdade? Os dias transformam-se em meses, os meses transformam-se em anos e, antes que percebamos, nossos filhos estão chegando ao ensino médio, tentando saber se sua fé funciona, determinando qual é a fé que *eles* professam e qual é a nossa. Então, um dia eles vão embora.

Os pesquisadores estão descobrindo que muitas crianças cristãs estão se desviando da fé no início do ensino fundamental II e, em número maior, logo que terminam o ensino médio. Como pais, precisamos agir a respeito, senão um dia o mesmo acontecerá com *nossos* filhos. Precisamos nos comportar com sabedoria agora, a fim de transmitir-lhes um tipo de fé genuína que produzirá longevidade.

Precisamos reconhecer — e pensar seriamente — que, ao criar nossos filhos no meio de tanta maldade, eles começarão a exibir, até certo ponto, as marcas deste mundo. A maneira como meus filhos têm sido marcados por este mundo me entristece. Há ocasiões em que quero cercá-los de todos os lados a fim de protegê-los. Quero mantê-los longe das influências negativas e deixá-los apenas sob a influência de minha família e de outros cristãos. Preciso ser sincera em dizer que fico com o coração partido quando vejo as situações às quais meus filhos são expostos.

Uma rápida visão da realidade

Recentemente, troquei ideias com meu filho adolescente sobre uma pesquisa realizada por George Barna a respeito da fé dos cristãos evangélicos entre alunos do ensino médio. Barna perguntou a milhares de estudantes o que eles pensavam a respeito da fé em Deus e da Bíblia. A pesquisa constou de uma série de perguntas como "Você acredita que existe uma verdade absoluta? Acredita que a Palavra de Deus [a Bíblia] é a verdade suprema? Acredita que Jesus é Deus? Acredita que a morte de Jesus nos salvou de nossos pecados? Acredita que Jesus ressuscitou dentre os mortos?". Essas crenças são as peças decisivas e fundamentais de nossa fé.

A maioria dos estudantes pesquisados disse "não" a uma ou mais dessas perguntas. Com base nas respostas, Barna concluiu que havia, em média, apenas doze evangélicos (aqueles que acreditam que todos esses valores são verdadeiros) em cada escola de ensino médio nos Estados Unidos. Apenas doze cristãos evangélicos em cada escola de ensino médio nos Estados Unidos! Fiquei arrasada com essa estatística. No entanto, em conversas que tive com jovens, descobri que essa era a realidade.

Perguntei a meu filho se ele achava que a estatística era verdadeira, e ele respondeu afirmativamente. Contou que, apesar de haver muitos estudantes que se dizem "cristãos", quando buscamos saber em que eles acreditam e se estão dispostos a viver de acordo com o que acreditam, descobrimos uma história diferente. Meu filho contou-me que não conhece pessoalmente nenhum aluno em sua escola que professe a mesma fé que ele.

O peixe fora d'água

Pouco depois dessa conversa, meu filho voltou para casa logo após ter saído com alguns amigos. Perguntei-lhe por que havia chegado em casa tão cedo. Ele me contou que, quando os oito amigos se reuniram, sete deles decidiram fumar maconha. Olhei para ele e perguntei:

— Você era o oitavo, certo?

Ele afundou-se na cadeira e respondeu:

72   Espiritualidade em família

— Era. — Desanimado, prosseguiu: — Estou muito frustrado. Não passo de... um peixe fora d'água... sempre. É um absurdo. Não suporto mais essa situação. Voltamos a conversar sobre as estatísticas dos cristãos na escola. Disse-lhe que sabia como devia ser difícil — ser um daquele pequeno grupo de "doze" disposto a acreditar nessa fé e viver de acordo com ela. Como mãe, minha primeira reação foi a de começar a dizer que o matricularia numa escola cristã ou lhe daria aulas em casa. Mencionei as escolas cristãs da região e pedi a opinião dele. Meu filho olhou repentinamente para mim e disse: "Mãe, se eu mudar de escola, restarão apenas *onze* em minha escola". Puxa! Nunca me esquecerei daquele momento. Apesar de eu querer *tirar* meus filhos deste mundo, Deus mostra-me continuamente seu poder em nossos filhos para ajudá-los a permanecerem firmes *no mundo!*

Não ser deste mundo
Certamente não há nada de errado com o ensino proporcionado por uma escola cristã ou com o ensino doméstico. Cursei o ensino médio numa escola cristã e fui fortalecida no decorrer daquela experiência. Algumas crianças, porém, são matriculadas em escolas públicas e se sentem muito sozinhas. Naquele momento, comovi-me com as palavras de meu filho. Ele estava citando o que o apóstolo Pedro descreve em 1Pedro 2.11: nós, cristãos, vivemos neste mundo como "estrangeiros e peregrinos". Somos *forasteiros*. Pense nisto. Será que proporcionamos os meios suficientes para nossos filhos entenderem realmente que não somos deste mundo? Porque viver como forasteiro é muito difícil para uma criança (exatamente na época em que ela deseja muito adaptar-se à situação em que vive).

Você se lembra de Sadraque, Mesaque e Abede-Nego? Esses três jovens hebreus viveram como forasteiros no império perverso da Babilônia. No entanto, permaneceram firmes em sua fé e não adoraram um ídolo de ouro para satisfazer os caprichos do rei. Deus proporcionou coragem àqueles jovens e salvou-os em meio à dificuldade (Dn 3). Um detalhe que me chama a atenção nessa narrativa bíblica é que os jovens *apoiavam uns aos outros*.

Gostaria de saber se foi esse apoio mútuo que lhes deu coragem para permanecerem firmes — *juntos*.

Construindo um refúgio intencional

É importantíssimo colocar nossos filhos em contato próximo com a comunidade de fé, porque o mundo é hostil em relação à fé que eles professam. Nossos filhos vão precisar de um tempo de refrigério, de um lugar onde possam despir-se de sua armadura e simplesmente lembrar-se de quem são, para terem um momento em que não sejam forasteiros. É nesse lugar que eles adquirem força. Precisamos ser sábios para entender que nossos filhos exibem as marcas das condições rígidas do mundo e tomar providências para que tenham um tipo diferente de comunidade. Uma comunidade de refúgio.

Tive de levar em consideração como isso se daria em cada fase da vida de meus filhos. Quando participávamos de fins de semana na igreja, quando eles faziam parte de pequenos grupos na vida normal durante a semana, quando reprogramávamos planos de verão para eles acamparem, quando procurávamos trazer mentores e famílias espirituais à vida cotidiana deles, quando levávamos em conta os sacrifícios que precisariam ser feitos para que a comunidade se reunisse em nossa casa, era importante que tudo isso fosse nosso foco principal.

Como gastaríamos nosso dinheiro para tornar prioritárias essas coisas? Uma de nossas decisões foi cortar alguns gastos extras para enviar nossos filhos ao acampamento com o grupo de nossa igreja. Teria sido fácil dizer que não tínhamos condições financeiras naquele momento para arcar com os gastos, mas economizamos um pouco de dinheiro por mês para fazer disso uma prioridade, porque a comunidade de fé era muito importante.

Como reprogramaríamos nossa casa para que a comunidade pudesse reunir-se ali com mais naturalidade? Bem, decidimos transformar nossa garagem num lugar de descanso para a juventude, onde qualquer um poderia chegar a qualquer hora. Deixamos as portas abertas, colocamos uma televisão e um sofá, abastecemos uma pequena geladeira com alimentos e refrigerantes e acolhemos a comunidade em nossa vida. E os jovens compareceram! Usamos nosso quarto de hóspedes para aqueles que precisassem permanecer por algum tempo enquanto estivessem de passagem por nossa cidade. E essa convivência trouxe exemplos de experiência cristã para nossos filhos.

Essas decisões precisam ser tomadas rapidamente e com intencionalidade. Os momentos oportunos que temos se evaporam sem que os notemos! Pergunte a si mesmo neste instante: "Como posso organizar, de modo intencional e estratégico, um ambiente no qual meus filhos façam parte vital de uma comunidade de fé?".

Força renovada

Isaías 40 descreve como aqueles que esperam no Senhor voarão alto como águias. Essa figura de linguagem de voar a grande altura, de ser carregado pelo vento, faz-me pensar na liberdade que sentiríamos e na perspectiva que teríamos se voássemos dessa maneira — talvez em contraste com um beija-flor, que movimenta as asas intensamente, esforça-se em demasia e voa tão perto do chão a ponto de não conseguir ter uma visão mais ampla da vida.

A comunidade de fé oferece essa liberdade e essa perspectiva a nossos filhos. Eles aprendem o significado de "esperar no Senhor" em companhia de outras pessoas. Aprendem o significado de viver pela fé, não pela visão, e ter perspectiva de eternidade. Há pessoas orando por eles. Eles aprendem a Palavra de Deus. Experimentam o próprio Deus, e há outras pessoas presentes para testemunhar que essas experiências são verdadeiras. Eles precisam de todas essas coisas da mesma forma que as crianças do Antigo Testamento, cujas festas anuais lhes ofereciam força para prosseguir na vida quando se sentiam abandonadas e sem esperança. O mundo age como sanguessuga no coração e na alma de nossos filhos, e nenhum deles está incólume a isso.

Lembre e celebre

Em Salmos 145.6-7, Davi encoraja-nos a lembrar e celebrar o caráter de Deus e suas obras: "Anunciarão o poder dos teus feitos temíveis, e eu falarei das tuas grandes obras. Comemorarão a tua imensa bondade e celebrarão a tua justiça". Além disso, somos instruídos a celebrar em comunidade com as pessoas que foram chamadas para ter a mesma esperança num Deus vivo. Em

Salmos 22.22, o rei Davi canta: "Proclamarei o teu nome a meus irmãos; na assembleia te louvarei". Esse padrão recorrente evidencia-se nas Escrituras desde o início. Em Gênesis, o grande Deus Criador fez uma pausa no sétimo dia para lembrar-se de sua obra e celebrar porque "ficou bom". Instituiu a Páscoa para que o povo de Israel se lembrasse da grande obra do Senhor ao libertar seu povo da escravidão do Egito e a comemorasse. A lei a respeito do sábado reconhecia a necessidade de interromper nossos esforços humanos e focar a santidade de Deus em companhia de outros cristãos.

Desde o início da história de Deus com seu povo, ele determinou que as comemorações (festas) deveriam fazer parte do ritmo natural da vida de Israel. E o Novo Testamento comprova que Jesus e a igreja primitiva mantiveram essas comemorações. Embora não sejamos obrigados a manter essas festas, nossa fé aumenta quando reconhecemos a existência delas. O simbolismo que existe nelas é rico e, no contexto de comunidade, dá testemunho do caráter de Deus demonstrado em sua obra em nosso favor. As sete festas eram:

1. A festa do sábado (Lv 23.1-3): comemoração perpétua de adoração e descanso para assinalar o término da obra de Deus, primeiro na criação e depois na obra redentora de Cristo na cruz.
2. As festas da Páscoa e dos pães sem fermento (v. 4-8): comemoração da obra milagrosa de Deus ao libertar os israelitas do cativeiro no Egito e de sua obra suprema ao nos libertar do cativeiro do pecado.
3. A festa dos primeiros frutos (v. 9-14): lembrança da abundante provisão de Deus nas colheitas que proporcionavam alimento ao povo de Israel.
4. A festa das semanas (v. 15-22): uma comemoração por Deus ter estabelecido a nação de Israel no monte Sinai.
5. A festa das trombetas (v. 23-25): comemoração da fidelidade de Deus a sua promessa da aliança e ao futuro chamado a ele próprio de todos os que creem em Cristo.

76 Espiritualidade em família

6. O dia da expiação (v. 26-32): lembrança da justiça de Deus, que exige um sacrifício e a obra suprema da expiação completada em Cristo.
7. A festa das cabanas (v. 33-44): comemoração do tempo em que Israel vagou pelo deserto e da bênção de Deus a todos os que se lembram desse tempo e buscam obedecer a Deus.

A comunidade desenvolve um relacionamento com Deus

Nesse modelo bíblico, a comunidade para intencionalmente a fim de reunir-se, relembrar feitos específicos de Deus — tanto em casa como em tempos de comunhão com outros — e oferecer uma adoração de alegria a ele por tudo que foi, é e será. Seguindo esse modelo, muitas comunidades de fé comemoram o Advento, o Natal (a vinda de Cristo ao mundo), a Quaresma, o Domingo de Ramos, a Sexta-feira Santa, a Páscoa (a ressurreição de Cristo), o Pentecoste e a Páscoa Judaica, entre outros.

Nessas ocasiões, proclamamos como temos visto Deus agindo em nossa vida e oferecemos uma adoração jubilosa de comemoração com outras pessoas que possuem as mesmas convicções que nós. Você pode imaginar como seria estimulante para nossa fé se encontrássemos uma forma de pôr em prática o valor de lembrar de Deus e escolher uma vida de celebração?

Nossa igreja iniciou um evento nos ministérios das crianças e dos jovens que permite essa pausa para comunhão. Toda sexta e décima terceira semana de um trimestre, temos um fim de semana de *Lembrar e celebrar*. Esses fins de semana são reservados para exatamente isto: lembrar o que Deus tem feito e separar um tempo para celebrar. Não incluímos um novo assunto; simplesmente "festejamos" com alimentos e guloseimas especiais, participamos de jogos que nos ajudam a lembrar e compartilhamos histórias de como Deus está trabalhando. Esperamos que essa tradição continue por muito tempo, bem depois da época de nossos filhos no ministério da juventude. Oramos para que nossos alunos transfiram essa postura para a vida diária e cultivem um coração que lembre e celebre em todos os contextos em que se encontrem.

Creio que Deus ordenou esse tipo de ritmo, porque a lembrança ativa nutre os relacionamentos. Deus quer que olhemos para trás e reconheçamos a fidelidade, o amor intenso e a interação pessoal dele com seu povo, individualmente e como comunidade. Quando paramos para lembrar, honramos nosso relacionamento com Deus, aquele relacionamento íntimo no qual falamos e ele ouve, ele fala e nós respondemos. Nossa resposta é celebração e adoração! Simplesmente não podem ser reprimidas!

Visitantes bem-vindos

Quero esse tipo de comunidade para meus filhos. Quero que vivam nesse tipo de mundo, mas também que se trate de uma comunidade inclusiva, não uma espécie de clube cristão no qual nos escondemos do mal. Uma comunidade não inclusiva não ensina meus filhos a viver *no* mundo sem ser *do* mundo, e sim a esconder-se dele. A comunidade de fé é um lugar para ser fortalecido, ser conhecido, lembrar-se de Deus e celebrar em adoração. Contudo, para que a comunidade de fé conserve sua vibração, ela precisa ser continuamente aumentada em número de pessoas e de transformações autênticas.

Quando meus filhos tomaram a decisão de ser batizados, queríamos compartilhar a experiência com outras pessoas que participaram e foram testemunhas da vida deles. Para cada comemoração, permitimos que eles preparassem a lista dos convidados. Na celebração do batismo de meu filho, convidamos muitos amigos e vizinhos que não conheciam Jesus pessoalmente nem pertenciam a uma comunidade de fé.

Reunimo-nos na praia para que meu filho fosse batizado no mar. Após o batismo, juntamo-nos para abençoá-lo, dizendo-lhe palavras de encorajamento. Algumas pessoas contaram que haviam visto Deus agindo na vida dele ou observado dons especiais que Deus lhe concedera a fim de abençoar os outros. Algumas leram versículos de incentivo e outras oraram por ele. Foi um dia significativo para meu filho, por ele ter ouvido tantas palavras de fortalecimento proferidas por pessoas que o conheciam e o amavam. No encerramento, o avô dele orou a bênção.

À medida que começamos a trabalhar juntos para preparar o jantar (nossa forma de "festa"), uma de nossas vizinhas chegou com lágrimas nos olhos, emocionada por ver o grande número de pessoas de várias gerações reunidas para comemorar e apoiar meu filho. Ela comentou que se sentiu encorajada diante daquele forte apoio espiritual guiando um garoto naquela idade. Com isso, confessou que queria o mesmo para seus três filhos. Enquanto conversávamos, o coração dela foi despertado para o poder da comunidade de fé do Senhor. Logo depois, começou a frequentar a igreja conosco, e ela e os filhos vieram a crer em Jesus. Esse fato aconteceu oito anos atrás, e essa minha amiga continua a ser uma firme seguidora de Cristo.

Fico estarrecida ao ver como nós, cristãos, tentamos "empacotar" nossa fé de tal forma que faz as pessoas estranhas ao nosso meio sentirem que ele "é bem parecido com o mundo delas", só que melhor. Estamos diluindo ou transigindo nossas crenças. No entanto, percebi naquele dia a sede que minha amiga e os amigos de meus filhos sentiam de ter algo a mais do que tinham. Quando os convidamos, de maneira delicada e benevolente, para participar da comunidade de fé, eles tiveram o privilégio de provar e ver como Deus é bom — como sua comunidade de refúgio e celebração é boa para nossa alma.

6
O QUE NECESSITA SER FEITO?
O ambiente de servir

Serei sempre capaz de servir alguém simplesmente como um ato de amor e justiça. [...] Mas posso também servir alguém para me educar a fim de deixar de ser arrogante, possessivo, invejoso, ressentido ou ganancioso. Nesse caso, meu serviço é realizado como uma disciplina para a vida espiritual.

DALLAS WILLARD[1]

A vida como tarefa doméstica
A história de Deus, nossa identidade nele, a comunidade dos que o amam, tudo isso alimenta a alma faminta de nossos filhos. Se, porém, a vida deles girar em torno do que recebem como alimento, serão cristãos fracos na vida adulta. É por isso que até as crianças pequenas precisam descobrir que servir a Deus faz parte de nossa reação ao amor de Deus por nós.

Todos nós tivemos de realizar tarefas domésticas quando éramos crianças, certo? Todo lar bem estruturado possui algumas. Temos de admitir que as tarefas domésticas são uma forma de deixar tudo arrumado e ajudar nossos pais, mas, pensando bem, elas também eram uma maneira de nós, crianças, aprendermos a servir aos outros membros de nossa família — pelo menos em teoria. Então por que, eu me pergunto, usamos durante tantas décadas a expressão *tarefa doméstica* para nos referir a esse ato de serviço? Pense na expressão *tarefa doméstica*. Só de ouvi-la dá vontade de gemer. E gememos, não? Quando meus pais me diziam que eu poderia brincar *depois* de lavar as roupas ou

80 ESPIRITUALIDADE EM FAMÍLIA

os pratos, eu simplesmente lamuriava. Resmungava. Regateava. Qualquer coisa, menos uma *tarefa doméstica*!

Então, quando me tornei mãe, visualizava meus filhos correndo de alegria como os camundongos da Cinderela ao saber que o trabalho precisava ser feito. Via-os querendo ajudar porque sentiam uma enorme gratidão no coração por tudo que *nós* lhes proporcionávamos. Bem, não demorou muito para aquele sonho ser esmagado. Dentro de cada um de nós há uma tendência ao egoísmo. Sabemos, instintivamente, como servir a nós mesmos e eliminar o resto que atrapalha essa busca. Não nascemos servos.

A maioria de nós (ou todos nós) chega a este mundo dizendo: "Sirva-me". Não queremos naturalmente servir aos outros. Somos egoístas. Estamos completamente mergulhados em nossas necessidades desde a infância. Educar o coração de uma criança para servir não parece coerente com quem somos como seres humanos. Mas você pode criar um clima altruísta em seu lar, ensinando essa postura do coração a seus filhos desde a tenra idade, por meio do ambiente de servir.

O que necessita ser feito?

Os três primeiros ambientes analisados neste livro concentram-se em criar uma identidade mais ampla para nossos filhos. Entender o plano grandioso de Deus para a redenção, internalizar como ele deu a cada um de nós uma identidade em Cristo para fazer parte de sua família, e estar em companhia daqueles que buscam um relacionamento com Cristo na comunidade de fé, todos esses requisitos são necessários para estabelecer um alicerce firme no coração de nossos filhos. No entanto, se pararmos por aí, o que é tentador, a construção desse alicerce *perderá o sentido*. O alicerce de segurança e identidade permite que nossos filhos comecem a olhar para fora, a olhar em direção aos interesses dos outros.

Para o desenvolvimento da fé de nossos filhos, é crucial criar um ambiente no qual eles façam uma pergunta importante desde cedo. A pergunta decisiva que o serviço pede é simples: "O que necessita ser feito?". Essa é uma das melhores perguntas que você pode ensinar a seus filhos. Eles verão o mundo de forma diferente se você os colocar diante de qualquer ambiente, situação ou relacionamento e fizer essa pergunta. É simples. É profunda.

O QUE NECESSITA SER FEITO? 81

No entanto, trata-se de uma postura que *não* será cultivada naturalmente em seus filhos, a menos que você aja com essa intenção e faça disso uma prioridade.

Vi, desde o início, como essa pergunta simples *arruinou* minha vida — de maneira positiva. Ela ronda cada canto de minha mente em qualquer situação. Está tão arraigada em mim que às vezes eu gostaria de poder desligar-me dela, mas não consigo. Quando faço essa pergunta, quase sempre sou compelida a responder. Às vezes, minha resposta exige grande sacrifício pessoal; em outras, faço uma oração ou encontro outra pessoa que possa dar uma resposta satisfatória, mas é raro eu me esquecer dela por completo.

Atos de serviço
Em casa, não temos tarefas domésticas. Você deve estar pensando: "Puxa, seus filhos devem adorar isso!". Bem, continuamos a pôr o conceito em prática, mas em vez de nos referir a esse trabalho como tarefas domésticas (o que nossos filhos entenderiam mais ou menos como "termine e tire da frente"), decidimos chamá-las de *atos de serviço*. Para você, talvez pareça tolice simplesmente mudar o nome, mas queríamos que eles entendessem que estavam servindo a nossa família com seu trabalho.

Além de realizar as tarefas que fazem parte do dia a dia de nossa casa, eles precisavam, acima de tudo, perguntar: "O que necessita ser feito? Vivemos nesta casa, participamos desta família. O que mais precisa ser feito?". Decidimos, então, atribuir áreas de serviço a nossos filhos. Minha filha teria de limpar os banheiros, lavar a roupa e lavar a louça dia sim, dia não. Meu filho teria de levar o lixo para fora, cortar a grama, limpar a banheira e lavar os pratos dia sim, dia não. Teriam de colaborar em outras tarefas, como comprar no supermercado, cozinhar, cuidar do cão, da caixa de areia e do quarto deles, conforme fosse necessário. Mas eu não queria que eles pensassem nessas coisas como se fossem uma lista de tarefas para serem completadas, e sim que entendessem que nossa família era interdependente.

Lembro-me de ter percebido, certa manhã, que a ideia estava criando raízes. Por volta de 6h30, ouvi meu filho gritando no corredor antes de sair para a escola. Veja bem, meu filho não costuma gritar nem se aborrece com facilidade, mas naquela manhã

82   Espiritualidade em família

ele estava irritado. Deitada em minha cama, ouvi estas palavras ecoando no corredor de acesso a meu quarto: "Mãe! Chantel deixou de fazer o *ato de serviço* de responsabilidade dela, e agora não tenho cueca limpa para ir à escola". Apesar de eu ter ouvido a discussão, em seguida, quando minha filha disse que *ele* era suficientemente capaz de lavar a *própria* cueca, enrolei-me na cama satisfeita por saber que, além de meu filho referir-se ao lavamento de roupas às 6h30 como um ato de serviço, ambos sabiam que dependíamos um do outro para que nossas necessidades fossem supridas.

Você serviu sua família hoje?
Nesse modelo, embora todos nós tenhamos nossas tarefas rotineiras, também vivemos num lar que pergunta: "O que necessita ser feito?". Quando meu filho vê que há uma pilha de roupas para serem lavadas, ele pode colocar as roupas brancas na lavadora em determinado dia. Minha filha pode servir nossa família fazendo compras no supermercado e preparando o jantar quando preciso permanecer até mais tarde no trabalho. Queremos ajudar uns aos outros porque é isso que necessita ser feito — não queremos simplesmente viver cuidando apenas de nossa lista pessoal de deveres.

É muito bom perguntar uns aos outros na hora do jantar: "Como você serviu sua família hoje?". Quando em sua família cada um serve aos outros, esse é um momento de gratidão. Quando cada pessoa da família está mais voltada para si mesma, essa é a oportunidade de lembrar que cada membro necessita dos outros. Talvez, depois que cada um responder à pergunta, a família possa orar para que todos pensem em outras formas de servir uns aos outros no futuro, pedindo a Deus que lhes dê força para serem altruístas e generosos quanto ao tempo e à energia que tiverem de gastar.

Conheço uma família que afixou uma cartolina branca ao lado da porta da frente. Quando entram e quando saem, todos veem os nomes das pessoas da família. Ao buscar servir à família, eles simplesmente colocam suas iniciais ao lado do nome da pessoa que foi servida de alguma forma. Ninguém escreve *o que* foi feito, mas todos podem ver que cada membro da família está cumprindo aquilo que o apóstolo Paulo escreveu no mesmo capítulo no qual ele estabelece uma ligação entre adoração e serviço (Rm 12).

O QUE NECESSITA SER FEITO? 83

Paulo disse: "Dediquem-se uns aos outros com amor fraternal. Prefiram dar honra aos outros mais do que a si próprios. Nunca lhes falte o zelo, sejam fervorosos no espírito, sirvam ao Senhor" (v. 10-11). Basicamente, quando servimos uns aos outros, estamos servindo ao Senhor.

Camundongos da Cinderela?

Quero deixar um ponto bem claro: meus filhos nem sempre estão sorrindo, dançando ou correndo felizes pela casa realizando atos de serviço o tempo todo, como os camundongos do filme *Cinderela*. A verdade é que meus filhos me dão uma tremenda dor de cabeça quando se trata de servir à família, da mesma forma que os seus, tenho certeza. Porém, como pais cheios do Espírito, escolhemos viver dessa maneira para lembrá-los todos os dias de qual é seu verdadeiro chamado — não apenas em nossa casa, mas na vida. Esse é o chamado de Deus para eles.

Tentamos exemplificar em casa um modo de vida semelhante ao de viver neste mundo como seguidores de Cristo. Assim, ao estabelecermos *tarefas* em casa, o lugar que deve ser um campo de prova para a vida inteira, queremos que eles vejam o ato de servir aos outros como uma obrigação quando estiverem lá fora no mundo. Há um ponto a ser assinalado na lista de nossos filhos. Eles poderão considerar algumas situações de necessidade e dizer: "Essa tarefa não é minha", ou racionalizar: "Já cumpri meu dever". Será que reagirão dizendo: "Não provoquei esta bagunça", ou verão cada circunstância como oportunidade para simplesmente servir a alguém?

Deus criou-nos para viver de modo interdependente neste mundo. Paulo escreve em Filipenses 2.3-4: "Nada façam por ambição egoísta ou por vaidade, mas humildemente considerem os outros superiores a si mesmos. Cada um cuide, não somente dos seus interesses, mas também dos interesses dos outros".

A atenção que o ato de servir merece

Começamos a ensinar a nossos filhos que Deus pede a nós, seus filhos, que sejamos servos. Transmitimos esse ensinamento a eles e o *deixamos bem claro* toda vez que o colocamos em prática. Se servimos na igreja ou na vizinhança, dizemos a eles *por que* estamos servindo.

84 Espiritualidade em família

Quando explico o que estou fazendo, sou capaz de dizer a meus filhos: "Eu fiz a pergunta 'O que necessita ser feito?' e entendi que precisava fazer isto". Ou: "Estou aqui na igreja e estamos colocando as cadeiras no lugar porque fiz a pergunta 'O que necessita ser feito?', e as cadeiras precisavam ser colocadas no lugar". Ou: "Estou limpando esta mesa na lanchonete porque alguém a deixou suja, e fiz a pergunta 'O que necessita ser feito?'". Reforçamos essa postura do coração por meio da repetição. Dizemos e mostramos a nossos filhos o que significa ser servo em cada situação.

Em geral, somos ótimos exemplos de servos, mas nossos filhos não sabem *o que* estão fazendo nem *por que* estão fazendo. Para que compreendam com mais clareza, precisamos chamar a atenção deles. Não é o mesmo que nos vangloriar de nossas ações. É ensinar a nossos filhos o verdadeiro significado de servir. À medida que eles ficarem mais velhos, você não precisará dizer isso o tempo todo. A atitude deles dirá. Os filhos criados nesse ambiente demonstram que estão sempre prontos a servir. Mergulham de cabeça em qualquer situação e vão direto ao que necessita ser feito. É uma postura do coração e do espírito deles.

Meu egoísmo
Confesso que, como mãe, nem sempre sou exemplo de servir. É comum eu ser exemplo do oposto. Vejo uma situação na qual algo precisa ser feito e sinto uma necessidade premente de cuidar de mim mesma. Começo a pensar que estou muito atarefada, muito cansada ou que já fiz minha parte. Tenho tempo, energia e capacidade, mas permaneço sentada tomando meu café com leite, imaginando por que as coisas não estão sendo feitas de um modo "melhor".

Temos de reconhecer, antes de tudo, nossa tendência a esse tipo de acomodação e nos lembrar de que não estamos servindo nem sequer da maneira mais elementar. Esse reconhecimento nos faz entender por que é difícil transmitir a mentalidade de servos a nossos filhos. É difícil, até mesmo impossível, dar algo que não possuímos.

Para transmitir esse dom a nossos filhos, precisamos ser servos, para que vejam nossa fé em ação. Quando decidimos abraçar uma situação — em casa, no trabalho, na vizinhança, na igreja ou na comunidade —, precisamos perguntar a nós mesmos: "O que necessita ser feito?". Olhe ao redor. Você verá as coisas de modo diferente.

Uma experiência de servir

Oferecemos recentemente às famílias de nossa igreja uma "experiência de servir". Montamos pacotes para cada família a fim de que tivessem uma experiência de "O que necessita ser feito?". À medida que tomaram conhecimento do que seu pacote continha, as famílias receberam orientação por meio de leitura da Bíblia e oração. Depois, deveriam percorrer a vizinhança a pé ou de carro.

Pensei comigo: "Quantas vezes entrei no carro com um destino em mente?". Quase *todas*. Raramente ouvimos alguém dizer: "Ei, vamos dar um passeio de carro". Essa frase parece antiga, dos anos 1950. *Dar um passeio de carro* é uma frase quase extinta em nossos dias. Usamos o transporte como meio de locomoção a *determinado lugar.*

Quando vivemos simplesmente como "pessoas com um destino certo", não somos capazes de perguntar: "O que necessita ser feito?". Em vez disso, perguntamos: "Vamos chegar rápido lá?" ou "Quem está atrapalhando meu caminho?", porque provavelmente estamos atrasados ou estressados. Infelizmente, esse modo de pensar nos faz perder todas as coisas nesse meio-tempo.

É esse "meio-tempo" que eu queria oferecer às famílias da igreja durante o trajeto que pedimos que fizessem, permitindo que percorressem sua comunidade tranquilamente por cerca de quinze minutos e perguntassem: "O que necessita ser feito?". Para mim, tratava-se de um pensamento intrigante. Faz quase dez anos que moro em minha comunidade. Nunca dei uma volta de carro durante quinze minutos para perguntar o que necessitava ser feito. Além do mais, eu quis levar o pessoal que trabalha comigo na igreja para ter essa experiência e ver como funcionava antes de apresentar isso às famílias. Eles foram minhas cobaias.

O teste

Enviei meu pessoal da igreja à nossa comunidade, dividido em pequenos "grupos de família". Meu líder de adoração no ensino médio foi o "pai" e eu fui a "mãe", num carro, além de "nossos filhos": um diretor administrativo e um diretor do departamento infantil. Divertimo-nos no caminho, vendo nossos "filhos" no banco traseiro atirando objetos uns nos outros e gritando "Ele está me cutucando", e tudo que uma família tem de suportar numa viagem de exploração.

Paramos para ler versículos bíblicos, orar e nos preparar para perguntar o que necessitava ser feito na vizinhança. Estávamos muito ansiosos por servir. Avistamos em primeiro lugar um terreno baldio com lixo, então descemos do carro e começamos a limpá-lo. Vimos um sem-teto e lhe oferecemos um sanduíche. Dirigimo-nos a um parque e limpamos os banheiros. Vimos uma mulher colocando as compras do supermercado no carro, mas, quando nos aproximamos, ela saiu correndo! Estranho. No geral, estávamos nos sentindo bem, mas pensando no que Deus ainda teria reservado para nós naquela missão.

Passamos por um pequeno café. Eu havia estado ali apenas uma vez, mas lembrei-me da proprietária, uma senhora idosa que trabalhava muito para mantê-lo funcionando. Eu quis parar só para cumprimentá-la. Oramos: "Senhor, estamos vendo uma mulher e um café. O que necessita ser feito?". Entramos no estabelecimento e perguntamos se havia algo que poderíamos fazer por ela. Mencionamos que poderíamos limpar os banheiros ou lavar os pratos. Ela lançou um olhar para nós como se fôssemos malucos. A princípio, perguntou se queríamos uma refeição grátis ou coisa parecida. Falava mal o inglês, com uma bela cadência espanhola.

Tentei dizer em meu melhor "espanglês": "Viemos apenas para servi-la. Imaginamos que a senhora deve ter muito trabalho para fazer a esta hora, depois do almoço. Deve ter muitos pratos para lavar". Ela sorriu e, em seguida, entregou-nos um esfregão, uma toalha e sabão. Minha "família" arregaçou as mangas para servir. Uma pessoa do grupo e eu fomos para a cozinha e começamos a lavar os pratos. As outras duas pegaram esfregões e luvas e começaram a limpar os banheiros. Finalmente, ela apareceu e perguntou: "Afinal, *por que* vocês estão aqui?".

Mensageiros da esperança

Contei a ela que trabalhávamos na igreja localizada a poucos metros na mesma rua e que, ao pedirmos a Deus que nos enviasse a um lugar onde pudéssemos servir nossa comunidade naquele dia,

O QUE NECESSITA SER FEITO? 87

sentimos que Deus nos havia conduzido àquele local para estar com ela. A mulher desfez-se em lágrimas. Começou a contar sua história: "Sou mãe solteira e sempre tive o sonho de ser proprietária de um restaurante, mas a situação não está boa. Na verdade, o locador está vindo *hoje* para pegar as chaves. Hoje é meu último dia". E prosseguiu: "Acordei esta manhã e comecei a orar. Fazia muitos anos que eu não orava. Clamei ao Senhor por um pouco de esperança e pedi a ele que me enviasse um anjo ou mensageiro. Pedi que me mandasse uma mensagem de esperança, para que eu soubesse que ele ainda se importava comigo". A seguir, olhou para nós e disse: "Vocês são meus anjos".

Oramos por ela e lhe dissemos que aquele não era o fim. Que, embora aquele sonho parecesse ter chegado ao fim, Deus tinha algo mais planejado para ela. Afirmamos que acreditávamos que Deus nos enviara naquele dia para encorajá-la a voltar para ele e confiar nele somente. Abraçamos a mulher. Recitamos versículos para ela e fomos embora.

Passei de carro pelo café no dia seguinte e, de fato, ela havia partido. As portas estavam fechadas. Mas fomos os mensageiros de Deus, de amor, de esperança e de serviço àquela mulher que necessitava desesperadamente disso, porque fizemos esta simples pergunta: "O que necessita ser feito?".

Às vezes, temos o privilégio de ver o resultado final dessas histórias e ouvir as bênçãos; em outras, realizamos atos de serviço em silêncio, onde ninguém vê, e somente Deus sabe o impacto eterno daquilo que estamos fazendo. É necessário dizer a nossos filhos que em algumas ocasiões veremos os resultados e em outras não; de qualquer forma, porém, terá sido um ato de serviço espiritual a Deus. Servir é um ato de adoração a ele. Ao servir aos outros, estamos servindo a Deus. Quando o servimos, somos obedientes. Coisas eternas acontecem. Vidas são transformadas.

Fé viva

Você se lembra do capítulo 2: a fé sem obras é morta, certo? Qual é, então, a obra da fé? Eu desejo uma fé "viva" e desejo também que meus filhos tenham fé viva. A obra da fé é a *ação*. Jesus ordena que coloquemos nossa fé em ação. Tive a honra de ver jovens colocando a fé em ação. É maravilhoso ver que até os pequeninos

88 Espiritualidade em família

entendem que colocar a fé em ação é estimulante para eles — Deus torna-se real. De alguma forma, todas as coisas que lhes pedimos para fazer passam a ter sentido. E o ato de servir é uma das maneiras de ajudar a produzir fé ativa em nossos filhos.

Uma coisa que não quero fazer, como mãe, é continuar a encher a cabeça de meus filhos com muitas informações sobre a Bíblia e Deus, sem dar-lhes a oportunidade de expressá-las. Como pais, uma de nossas funções é combinar as experiências de fé e ação com o conhecimento que nossos filhos estão adquirindo. Precisamos ter essa intenção. Sempre lutaremos com a tentação de transformar nossos filhos em cristãos cognitivos.

Quando meus filhos eram pequenos, eu me orgulhava ao vê-los recitar os livros da Bíblia e muitos versículos. Se eu contava uma história da Bíblia, eles sabiam o nome dos personagens principais. Chegávamos a passar tempo aprendendo os nomes dos doze discípulos (tente se lembrar — não é tão fácil assim!). Nas reuniões de família, eu pedia que nossos filhos encenassem uma peça, e todos me consideravam uma boa mãe por causa disso — até chegar a hora de dormir, claro, quando eu não conseguia manter meu filho na cama! Meus olhos começaram então a se abrir.

A dieta do leite

Ora, essas ferramentas são maravilhosas e certamente formam um excelente alicerce para nossos filhos, mas quase sempre paramos nos níveis elementares do aprendizado: memorização, modificação de comportamento e instrução moral. No meio do caminho, esquecemos de desmamá-los desse leite para oferecer-lhes uma dieta de alimento sólido. O alimento sólido é a fé, que não se mede pelo que *sabemos*, mas pelo modo como *praticamos* aquilo que sabemos. Justiça é o ato de alinhar nossas ações com nosso amor por um Deus santo.

O autor de Hebreus aborda esse mesmo assunto:

> Quanto a isso, temos muito que dizer, coisas difíceis de explicar, porque vocês se tornaram lentos para aprender. Embora a esta altura já devessem ser mestres, vocês precisam de alguém que lhes ensine novamente os princípios elementares da palavra de Deus. Estão

O QUE NECESSITA SER FEITO? 89

precisando de leite, e não de alimento sólido! Quem se alimenta de leite ainda é criança, e não tem experiência no ensino da justiça.

Hebreus 5.11-13

A aventura épica

Parte da "experiência no ensino da justiça" refere-se à fé. Fé é um músculo que precisa ser usado. Tenho visto crianças cuja fé é realmente firme, mas, se elas não a usarem, o músculo se deteriorará ao longo do tempo. Um fato que geralmente ocorre é que, na época em que nossos filhos estão cursando o ensino médio, seus músculos espirituais estão debilitados e fracos, quando na realidade deveriam estar agitando o mundo com sua fé. Os músculos atrofiaram-se a esse ponto porque não incutimos neles os elementos da fé.

Um desses elementos é ter coração de servo, naturalmente, mas servir sem que haja nenhum esforço é *leite*. É importante oferecer condições a nossos filhos para servirem como lhes determinamos quando eram crianças. No entanto, com o passar dos anos, precisamos retirar progressivamente as condições que lhes oferecemos e permitir que ponham a fé em ação sem nossa ajuda.

Em vez de dizer a nossos pré-adolescentes e adolescentes: "Você precisa se apresentar hoje, neste horário, e trazer esta quantidade de dinheiro... e depois poderá pôr sua fé em ação", precisamos permitir que eles dependam do Espírito de Deus para obter a resposta à pergunta que *eles* se fizerem.

Afinal, você acha mesmo que seria uma *aventura épica* contar a nossos alunos que nós gentilmente estabelecemos diversas condições para que eles coloquem a fé em ação? Isso seria fascinante para um adolescente? Na verdade, esse tipo de serviço parecerá com qualquer outra excursão da escola. E, para ser franca, perderá o brilho em comparação com a variedade de experiências que eles estão tendo no mundo ou na escola.

Em contrapartida, a fé épica em ação registrada em Hebreus 11, que se encontra alguns capítulos depois do trecho sobre nosso anseio por alimento sólido, é repleta de descrições radicais de vida e morte:

90 ESPIRITUALIDADE EM FAMÍLIA

Que mais direi? Não tenho tempo para falar de Gideão, Baraque, Sansão, Jefté, Davi, Samuel e os profetas, os quais pela fé conquistaram reinos, praticaram a justiça, alcançaram o cumprimento de promessas, fecharam a boca de leões, apagaram o poder do fogo e escaparam do fio da espada; da fraqueza tiraram força, tornaram-se poderosos na batalha e puseram em fuga exércitos estrangeiros. Houve mulheres que, pela ressurreição, tiveram de volta os seus mortos. Uns foram torturados e recusaram ser libertados, para poderem alcançar uma ressurreição superior; outros enfrentaram zombaria e açoites; outros ainda foram acorrentados e colocados na prisão, apedrejados, serrados ao meio, postos à prova, mortos ao fio da espada. Andaram errantes, vestidos de pele de ovelhas e de cabras, necessitados, afligidos e maltratados. O mundo não era digno deles. Vagaram pelos desertos e montes, pelas cavernas e grutas.

Todos estes receberam bom testemunho por meio da fé; no entanto, nenhum deles recebeu o que havia sido prometido. Deus havia planejado algo melhor para nós, para que conosco fossem eles aperfeiçoados.

Hebreus 11.32-40

Um mundo indigno

Admiro imensamente as pessoas cuja vida foi narrada nessa passagem. Elas me impressionam, deixam-me envergonhada. Serradas ao meio? Passaram necessidades? O mundo não era digno delas? Essas pessoas não demonstraram fé do dia para a noite. Ao ler a história delas, vemos que usaram seus músculos espirituais repetidas vezes. Morreram para si mesmas todos os dias. Procuraram constantemente servir a Deus e aos outros. Todas foram exemplos de manifestação de fé, e agora nos inspiram, apesar de não as conhecermos.

Quando penso: "O que necessita ser feito?", penso que meus filhos e esta geração precisam de algo épico para viver. Eles necessitam de uma causa e de um entendimento de quem é Deus e também de seu reino. Com o intuito de preparar nossos filhos para entrar nessa batalha épica, precisamos proporcionar-lhes o ambiente de serviço para treinar o coração de cada um no sentido vertical e exterior. Sem isso, esta geração se contentará com algo

O QUE NECESSITA SER FEITO? 91

bem menor do que o chamado de Deus para ela. Aceitará o fruto do egoísmo — a futilidade do mundo.

Serviço como adoração

A igreja primitiva nem sequer pensava em adoração fora do conceito de serviço. A palavra grega para adoração é *latria*. Acontece que ela é a mesma palavra que exprime serviço. *Latria* é serviço. *Latria* é adoração. Lemos em Romanos 12.1: "Portanto, irmãos, rogo-lhes pelas misericórdias de Deus que se ofereçam em sacrifício vivo, santo e agradável a Deus; este é o *culto* [no sentido de *adoração*] racional de vocês". O original grego também poderia ser traduzido desta forma: "este é o *serviço* racional de vocês". Os dois são inseparáveis. A palavra é a mesma. Portanto, para ser adoradores com nossa vida, precisamos aprender a ser servos. Precisamos entrar em qualquer situação e perguntar: "O que necessita ser feito?".

Precedida por autonegação

O serviço exige uma quantidade tremenda de autonegação, e a autonegação é incrivelmente difícil para nós. No entanto, ela é o próprio fundamento de nossa fé. Lemos estas palavras de Jesus no evangelho de Marcos: "Se alguém quiser acompanhar-me, negue-se a si mesmo, tome a sua cruz e siga-me. Pois quem quiser salvar a sua vida, a perderá; mas quem perder a sua vida por minha causa e pelo evangelho, a salvará" (8.34-35). Embora a cruz represente a morte, Jesus fala carinhosamente que ela é precedida pela autonegação. Ele diz que, se alguém quiser acompanhá-lo, precisará negar a si mesmo antes de pegar sua cruz e segui-lo. A autonegação sempre precede a morte. E na jornada do cristão é necessário haver a morte do "eu". Quando criamos o ambiente de serviço em nosso lar e um coração de serviço em relação ao mundo, criamos, além de um caminho para que nossos filhos aceitem a cruz, um relacionamento com Cristo por meio da autonegação.

Minha palavra de encorajamento para você é: comece hoje. Faça a pergunta mais uma vez: "O que necessita ser feito?". Cultive esse ambiente em seu lar. Peça a Deus que reacenda uma perspectiva correta em seu coração e em sua mente. Depois transforme isso em ação, em voz alta com sua família, para a glória de Deus.

Autonegação para a glória de Deus parece uma atitude arriscada — e é! Portanto, se existe um empecilho afastando-o da ideia de permitir que seus filhos corram riscos no serviço a Deus, você acaba de mergulhar seu pé na água do próximo ambiente: fora da zona de conforto.

7

UM CORAÇÃO DEPENDENTE

O ambiente fora da zona de conforto

A vida é confortável quando você se separa das pessoas que são diferentes de você [...]. Mas Deus não nos chama para viver confortavelmente. Deus nos chama a confiar nele de forma tão completa que não temos medo de nos colocar em situações nas quais teremos problemas se ele não intervier.

FRANCIS CHAN[1]

Protegendo nossos filhos
Tenho um amigo chamado Josh que ora fielmente por seu filho de 3 anos. Quase sempre ele ora para que o filho seja um homem forte e corajoso. Pede a Deus que o torne poderoso e o use em nome de Jesus. Uma noite, enquanto carregava o filho no colo e orava essas palavras, ele sentiu que Deus lhe dizia: "Se esta sua oração for verdadeira, vou ter de ferir seu filho". Ora, essas não são as palavras que esperamos ouvir de Deus, então Josh puxou o filho para mais perto dele, como se estivesse dizendo "não". A seguir, ele sentiu Deus replicar: "Então você está tentando proteger seu filho de *mim*?".

Puxa! Que constatação tremenda para aquele jovem pai! Descobrir que Deus teria de fazer seu filho sofrer para tornar-se o homem forte que ele desejava. E ao mesmo tempo descobrir que Deus é nosso protetor e o pai perfeito, porque está disposto a fazer isso, e nós não.

A história dá uma ideia do ambiente fora da zona de conforto. Aquele jovem pai tinha o desejo inato de proteger, amar e oferecer conforto ao filho. Ninguém ensinou essa lição a nós, os pais;

94 ESPIRITUALIDADE EM FAMÍLIA

simplesmente reagimos e respondemos dessa forma desde a primeira vez que ouvimos o choro de nosso bebê. Faz parte de nós querer solucionar o sofrimento deles da melhor maneira possível. No entanto, esse ambiente expõe nossos filhos a circunstâncias e experiências que os tiram de seus maiores lugares de conforto. Diante disso, as crianças descobrem que não podem mais confiar na própria força e segurança (nem na nossa), por isso começam a aprender a depender de Deus para receber a força dele.

Penso, então, nas palavras de Paulo quando ele descobre: "Por isso, por amor de Cristo, regozijo-me nas fraquezas, nos insultos, nas necessidades, nas perseguições, nas angústias. *Pois, quando sou fraco é que sou forte*" (2Co 12.10). Paulo descreve como Deus usa situações desconfortáveis e provações para cumprir a obra que deseja realizar em nós. Paulo reconheceu que Deus não estava tentando ser desleal com ele, mas, sim, usando as provações para ajudá-lo a crescer em integridade. E integridade é a força verdadeira, não a força que o mundo promete por meio de nosso conforto!

Pais prontos a assumir o papel de salva-vidas!

Como mãe, intriga-me imaginar qual é o plano intencional de Deus para meu filho. Vamos encarar os fatos. Não sei o que meus filhos serão um dia, quem eles influenciarão ou no que se envolverão para edificar o reino de Deus. Mas Deus sabe. Salmos 139.16 diz que "todos os dias determinados para mim foram escritos no teu livro antes de qualquer deles existir".

Deus conhece e entende meus filhos e o futuro de cada um muito além do que eu seria capaz de prever. Não sei quanto a você, mas não quero interferir! Em vez disso, quero alinhar-me com esse plano, de modo bem semelhante ao marinheiro quando ergue a vela a favor do vento, e acompanhar o que Deus está realizando na vida de meu filho. Desejo ajudar meu filho a atravessar as provações e os lugares desconfortáveis, para que os músculos de sua fé se fortaleçam, em vez de assumir o papel de salva-vidas.

Como mãe, eu queria salvar meus filhos quando eram pequenos. Ficava furiosa ao ouvir dizer que alguém havia hostilizado minha filha ou mentido a respeito de meu filho para diminuir seu caráter. Queria vingar-me imediatamente, e esse tipo de "justiça" quase sempre significa magoar a criança (ou os pais da criança) que magoou meu filho. Está bem, talvez eu não os tenha *magoado*, mas imaginava como ele ou ela se *sentiria* se a justiça fosse feita. Minha reação era negativa. Adotava uma postura que dizia: "Vou proteger meu filho a qualquer custo", quando eles não precisavam tanto assim de proteção.

Músculos da fé

Na verdade, meus filhos necessitavam de habilidades e músculos da fé para conseguir atravessar a provação e se fortalecer, e não ser reduzidos à condição de vítimas. Essa é uma lição essencial para eles *e* necessária para mim, porque proteger meus filhos das maldades deste mundo seria um trabalho de tempo integral. Vivemos num mundo mau. Nossos filhos sofrerão maldades. Receberão ofensas, com ou sem intenção. A vida não é justa.

A melhor dádiva que podemos conceder a nossos filhos é a confiança de ver que acreditamos que tudo é filtrado (até as coisas más) pelas mãos de Deus. Precisamos deixar de controlar as circunstâncias que eles enfrentam. Precisamos começar a olhar para as dificuldades que surgem na vida deles como situações que Deus usa para *refiná-los*. Depois, precisamos andar com eles, orando sempre, e ser exemplos de como devem reagir com graça em tempos de provação.

Pare um pouco e analise seu modo de agir como pai ou mãe. Você está criando um ambiente irreal de conforto em sua casa e na vida de seu filho em razão dos medos que sente? Salva seu filho de qualquer situação, amizade ou tarefa que poderia fazê-lo sofrer? Como pai cheio do Espírito ou mãe cheia do Espírito, você precisará fazer uma avaliação honesta. A seguir, deverá definir se as situações estão muito confortáveis ou se a vida está sendo fácil demais e começar a pensar em maneiras práticas de permitir que as provações e o sofrimento fortaleçam seus filhos, em vez de ver essas coisas pelo lado negativo.

Viver na zona de conforto antes de sair dela

Embora esse ambiente seja de suma importância para nossos filhos, é essencial lembrar que a pessoa precisa ter uma zona de conforto para *sair dela*, a fim de que o ambiente fora da zona de conforto se torne mais eficaz. Talvez você não sinta nenhum conforto na vida neste momento. Talvez esteja enfrentando um divórcio, lidando com a doença de um filho, pai ou mãe, ou atravessando extrema dificuldade financeira. Seu lar pode ser um entre os milhões de lares de todo o país nos quais as crianças são criadas em meio a alcoolismo, consumo compulsivo, doença mental, depressão ou raiva e ira, só para citar alguns problemas. A vida de muitas crianças está em completa perturbação. Nesses tipos de circunstâncias, a vida não é nem um pouco confortável.

Alguns desses problemas são impossíveis de controlar, ao passo que outros se originam de pecado ou decisões malfeitas no decorrer da vida. Quanto aos problemas que não podemos controlar, devemos confiar que Deus os está usando para nosso bem e para sua glória. (É mais fácil, sem dúvida, dizer essas palavras que as praticar.)

Durante uma grande provação, sentimo-nos sobrecarregados, falta-nos força e alegria, e nosso foco se desvia sem nenhum aviso. Esse é o tempo em que necessitamos que a comunidade de fé nos acompanhe (e acompanhe nossos filhos) de maneiras tangíveis e práticas, como levar seus filhos para brincar com os nossos e trazer uma refeição pronta. Esses gestos podem amenizar a tensão de uma época difícil de sofrimento. Assim, se estivermos atravessando momentos de sofrimento, precisamos buscar o ambiente da comunidade de fé mais do que costumamos fazer.

Nas famílias que sofrem em razão de escolhas pecaminosas do pai, da mãe ou de ambos, as crianças são vítimas inocentes. Nessas situações, é essencial que os pais busquem o melhor para os filhos e procurem ajuda. Muitas igrejas e outras organizações oferecem programas de aconselhamento e recuperação que tratam das questões específicas prejudiciais às pessoas inocentes da família.

Talvez você seja um adulto vivendo com as cicatrizes da infância e corra o risco de repetir os mesmos erros com seus filhos. Não importa qual for o caso, as pessoas que recorrem aos ministérios de recuperação dizem que, embora você não possa mudar o ontem, pode sempre mudar o hoje. Se sua casa não é um lugar seguro para seus filhos, tome hoje a decisão de buscar ajuda para levar-lhes segurança e paz.

Conforto insuficiente... ou exagerado?

Você precisará avaliar a condição em que sua família se encontra neste momento. Qual é o clima de conforto em sua casa? O que leva você a sentir conforto ou desconforto? Se sua casa se tornou excessivamente confortável por causa de superproteção e pais supercuidadosos, você reconhecerá os sintomas.

A casa na qual as crianças vivem com conforto excessivo apresenta os seguintes sinais: indolência, ingratidão, falta de motivação, egoísmo, reivindicação de direitos, espírito crítico e glutonaria, entre outros. Quando você vir esses brotos começando a florescer, saberá que está na hora de sair da zona de conforto. E vai querer agir — sem demora!

Há um novo xerife na cidade

Lembro-me de um dia, quando tive esse exato momento "é isso!" comigo mesma. Tinha estado fora de casa a maior parte do dia e, ao chegar, vi pratos sujos na pia, animais com fome, televisão em alto volume num cômodo sem ninguém, latas vazias na rua, comida estragando em cima do balcão e uma pilha de roupas sujas no corredor (tão grande que o pessoal de casa deve ter precisado pular por cima dela dezenas de vezes).

Totalmente atordoada, andei pela casa, à procura de minha prole. Quando encontrei meus filhos, fiquei chocada ao ver que estavam vivos e respirando. Com certeza não notaram a desordem nem as necessidades, e não tinham feito nada a respeito! Teria sido melhor pensar que haviam sido abduzidos por alienígenas do que descobrir que tinham me deixado encontrar a casa naquele estado lastimável!

Quando mostrei sinais de descontentamento, eles reviraram os olhos (sempre com ar de triunfo) e resmungaram: "Hoje é nosso dia de folga!". Penso que depois se arrependeram dessas palavras por causa do sermão que ouviram. Eu lhes disse que nunca havia tido um dia de folga e esperava que eles servissem à família de maneira tangível *todos os dias*. Ao fazer uma retrospectiva, vejo que fiquei aborrecida com eles, mas a verdade é que eu estava aborrecida comigo mesma.

Sinceramente, eu havia estabelecido aquele ecossistema por causa de *meu* comportamento. Havia esquecido o objetivo e me

98 ESPIRITUALIDADE EM FAMÍLIA

tornado negligente por querer muito que meus filhos fossem cumpridores de seus deveres. Não houve uma mudança do dia para a noite, mas aos poucos fui assumindo mais responsabilidades em casa e proporcionei a meus filhos uma boa dose de conforto de várias maneiras.

"Você está bem alimentado, aquecido, feliz, protegido e descansado?" é a pergunta necessária que devemos fazer a um bebê e, quando tudo está bem, eles sorriem e dormem. Mas não funciona dessa maneira com crianças mais velhas e adolescentes! Se fizermos isso, eles vão exigir mais. Reivindicam direitos e tornam-se insensíveis, preguiçosos e indignados, tudo isso com uma péssima atitude. Que delícia!

Naquele momento, comecei a sentir-me poderosa. Pensei: "Agora há um novo xerife na cidade, e a situação vai ser um pouco mais rígida". Em seguida, comecei a corrigir aquele conforto anormal que eu havia criado. Demorou um pouco. Meus filhos reclamaram, assim como músculos sem uso reclamam no primeiro dia de exercícios, mas com o tempo vi que, ao tirá-los dos lugares de conforto, eles começaram a adquirir as qualidades que lhes faltavam.

O resultado das provações

Provavelmente todas as famílias atravessam tempos de dificuldades e também tempos de prosperidade e conforto. Nos tempos de conforto, nossa fé tende a tornar-se apática, certo? É irônico, mas a história relata que alguns dos períodos de maior crescimento na igreja ocorreram em tempos de grandes provações e sofrimento. Tiago explica essa correlação:

> Meus irmãos, considerem motivo de grande alegria o fato de passarem por diversas provações, pois vocês sabem que a prova da sua fé produz perseverança. E a perseverança deve ter ação completa, a fim de que vocês sejam maduros e íntegros, sem lhes faltar coisa alguma.
>
> Tiago 1.2-4

Para Tiago chegar a pensar que as circunstâncias difíceis poderiam ser motivo de "grande alegria", ele deve ter valorizado muito os produtos dessas provações: perseverança e fé madura.

Anos atrás, testemunhei a grande provação que uma boa amiga enfrentou. Ao observá-la, vi que parecia ter aquele senso aguçado de adoração — uma vida de oração profunda, um tempo intenso na leitura da Palavra de Deus e uma sensibilidade acurada em relação ao espírito. Cheguei a dizer a ela: "Sinto um pouco de inveja da fase que você está atravessando".

Ora, provavelmente essas não foram as palavras mais adequadas que eu poderia ter dito a minha amiga. Eu explico. Ela estava à procura de um pouco de consolação, um pouco de entendimento e talvez um pouco de compaixão. Talvez preferisse que eu sentisse pena dela e dissesse: "Puxa, ainda bem que não estou passando por *isso!*". Ela deve ter achado estranho ou até falta de sensibilidade de minha parte, porque eu conhecia a terrível provação que ela estava enfrentando.

Na verdade, eu não estava invejando a provação de minha amiga, mas os resultados daquela provação. Ela estava experimentando a presença de Deus — e eu queria isso. É claro que eu queria uma versão mais amena. Ainda quero. Quero o caminho ensolarado, com um copo de limonada na mão, enquanto passeio pelas trilhas ajardinadas da presença de Deus. Não quero andar pela estrada escura e deprimente com curvas acentuadas cheias de buracos profundos e margens traiçoeiras. Quero Deus *e* quero conforto. Provações? Não, obrigada. E, com toda a certeza, também não quero provações para meus filhos!

Um tempo de aflição

Logo depois disso, Deus fez-me passar por uma das provações mais sombrias de minha vida (tome cuidado com o que você pede). Durou uns dois anos. No começo foi sofrimento, mágoa e traição — e logo em seguida veio a depressão. Depois vieram os amigos da depressão: amargura e reivindicação de direitos.

Quando penso naquela época, lembro-me de ter achado estranho as pessoas rirem alto em minha presença. Elas não sabiam que eu estava sofrendo? Quanta insensibilidade! Sou uma pessoa que adora sorrir, e houve ocasiões em que precisei me lembrar de conter o sorriso em público para não ofender alguém. Mas a verdade era que eu havia perdido o sorriso. Estava muito longe de minha zona de conforto, e não gostava nem um pouco daquilo.

Um dia eu me vi em pé, num quarto. Estava sem roupa. Em meu interior, estava cheia de vergonha e queria desesperadamente me vestir. Ao olhar para baixo, vi algumas peças de roupa ao alcance da mão. Elas gritavam pedindo que eu as vestisse, prometiam conforto. Aquelas peças de roupa tinham nomes — pude ver claramente seus nomes enquanto pegava uma a uma: Raiva, Culpa, Amargura, Direitos, Inveja, Orgulho e Vingança.

Mais adiante, havia outras peças de roupa: Bondade, Mansidão, Misericórdia, Perdão, Compaixão, Amor, Humildade e Paz. Não conseguia alcançá-las. Sabia instintivamente que, se quisesse usar aquelas peças de roupa, somente Deus poderia me vestir com elas, porque me era impossível alcançá-las. Assim, esperei. Foi doloroso. Definitivamente, eu não estava em minha zona de conforto.

Todos os dias eu era tentada a me vestir. Para ser verdadeiramente honesta, houve dias em que tentei experimentar algumas daquelas roupas — e elas só me trouxeram mais sofrimento. Com o tempo, porém, Deus me vestiu. As palavras de Tiago tornaram-se verdadeiras, e vi minha fé aumentar até o ponto de marcar permanentemente a pessoa que sou hoje. Olho para trás com alegria, sabendo que meu relacionamento com Cristo se aprofundou muito. E passei a entender que sou dependente dele de um modo que nunca conheceria por outro caminho.

Do que estou com medo?
Se sei que o crescimento espiritual se origina de minhas provações dolorosas, por que tento proteger meus filhos de experiências semelhantes? Essa é a verdadeira questão. Por que quero manter meus filhos afastados daquilo que eu sei, por experiência, que aumentará a fé que eles têm em Deus e sua dependência de Cristo? Por quê? Porque me dói vê-los sofrer. Como pais, deixamos de ver o objetivo final e sacrificamos esse objetivo pelo prazer de hoje. Nossos instintos primários, como pais e mães, não aceitam que nossos filhos sofram. Isso, porém, não significa que não devemos lutar contra esse instinto.

Afinal, de que temos medo? De que o sofrimento seja grande demais a ponto de não sermos capazes sequer de assistir a ele? De que nossos filhos enfrentem enorme provação, que percam totalmente a fé ou se afastem de Deus? Temos medo de que, durante essas provações, os outros olhem para nós e julguem erroneamente nossa capacidade como pais?

Vamos analisar cada uma destas coisas: a dor, o medo e o orgulho. Todas elas possuem uma característica em comum. São problemas *meus*. É por isso que, para ser uma mãe cheia do Espírito, preciso me lembrar de que tipo de pessoa eu sou como mãe. São essas coisas que tenho de confessar imediatamente quando vejo que elas começam a se revelar. Preciso assumir a responsabilidade pelos motivos que, às vezes, me fazem sabotar esse ambiente em meu lar.

Deus tem um plano
Faz parte da natureza de Deus criar circunstâncias específicas e únicas para refinar seus filhos. Ele ama esse ambiente, e esse é um dos motivos pelos quais, às vezes, temos dificuldade de confiar nele. Dizemos: "Se Deus é todo-poderoso, por que ele não evita que eu sofra?".

Durante uma provação, sou tentada muitas vezes a concluir, erroneamente, que não sou de fato filha de Deus ou que ele ama as outras pessoas mais que a mim. Ajo assim por causa de minha falta de habilidade como mãe. Penso que pais perfeitos e amorosos são aqueles que proporcionam conforto ao filho. Em vez disso, pais perfeitos passam por situações difíceis, e seu objetivo maior é desejar o bem para o filho o tempo todo, não importa o que esteja em jogo.

Jesus ensinou seus discípulos dessa maneira. Sempre apresentava situações na vida deles para encorajá-los e aumentar-lhes a fé. Não sei se os discípulos reviravam os olhos — provavelmente não —, mas tenho certeza de que nem sempre pulavam de alegria nas ocasiões em que Jesus lhes dizia estas palavras:

- "Mas eu lhes digo: Amem os seus inimigos e orem por aqueles que os perseguem" (Mt 5.44).
- "Eu os estou enviando como ovelhas entre lobos" (Mt 10.16).
- "Todos odiarão vocês por minha causa" (Mt 10.22).
- "Se alguém quiser acompanhar-me, negue-se a si mesmo, tome a sua cruz e siga-me" (Mc 8.34).
- "Bem-aventurados serão vocês, quando os odiarem, expulsarem e insultarem, e eliminarem o nome de vocês, como sendo mau, por causa do Filho do homem" (Lc 6.22).

102 Espiritualidade em família

- "Vocês serão expulsos das sinagogas; de fato, virá o tempo quando quem os matar pensará que está prestando culto a Deus" (Jo 16.2).

Presumo que foram palavras muito desconfortáveis para eles ouvirem, mas, por conhecermos o caráter de Deus, sabemos que foram proferidas com amor.

Uma noite desconfortável, para dizer o mínimo

Certo dia, de acordo com Mateus 14, Jesus colocou os discípulos num barco e pediu-lhes que fossem para a outra margem do lago. *Ele disse aos discípulos que entrassem num barco.* É importante notarmos esse detalhe.

Depois de mais ou menos doze horas, eles ainda estavam no meio do lago! Pense no que significa estar num barco com mais onze pessoas durante doze horas no meio de um vento forte que levantava ondas enormes! Os discípulos estavam remando *contra* o vento. Que aflição!

Remar durante uma hora num dia ensolarado já é difícil para muitos de nós. Imagine, então, permanecer num barco por doze horas no meio da noite, exausto e molhado, remando contra o vento, talvez tirando água de dentro dele para impedir que afundasse — bem, aí é outra história!

Os discípulos deviam estar cansados, com frio e provavelmente com medo de morrer quando viram Jesus se aproximando — andando sobre a água! De fato, a princípio eles imaginaram estar vendo um fantasma. Quando leio essa história, porém, preciso sempre me lembrar de que *foi Jesus* quem lhes disse que entrassem no barco. Por que ele fez isso? Certamente, pelo fato de ser Deus, ele sabia que havia uma tempestade se formando. Por certo sabia que, após doze horas, os discípulos estariam distantes da terra, em completo desespero e desânimo. Preciso concluir que Jesus não teve má intenção quando lhes deu essa ordem, mas, sim, que queria ensinar-lhes uma lição sobre fé.

Pouco depois, Pedro reconheceu Jesus, desceu do barco e andou brevemente com Jesus sobre a água. O plano de Pedro logo foi frustrado, quando ele afundou na água e quase se afogou. Pedro fez este apelo simples e profundo: "Senhor, salva-me!".

Imediatamente, Jesus estendeu a mão e o tirou da água. Em seguida, acalmou o vento.

Uma segunda prova?

Esse episódio aconteceu logo depois que Jesus e os discípulos haviam alimentado cinco mil pessoas. Provavelmente Jesus sentira que eles tinham sido reprovados naquele teste de fé (cf. Jo 6.5-7), de modo que os colocou no barco para fazer uma "segunda prova". Achou que eles ainda precisavam aprender um pouco mais. Jesus estava investindo *intencionalmente* na vida dos discípulos porque sabia o que lhes aguardava. Sabia que eles teriam a responsabilidade de proclamar o evangelho sob tremenda perseguição e até morte. Talvez Jesus tivesse focado especialmente Pedro. Queria que sua fé aumentasse e sabia que as provações o tornariam mais forte. Jesus sabia que, um dia, Pedro seria o fundador da Igreja. Os judeus seriam conduzidos a ter um relacionamento com Jesus, o cumprimento do aguardado Messias ("o Ungido"), e Pedro seria usado para essa missão.

Jesus disse a Pedro:

E eu lhe digo que você é Pedro, e sobre esta pedra edificarei a minha igreja, e as portas do Hades não poderão vencê-la. Eu lhe darei as chaves do Reino dos céus; o que você ligar na terra terá sido ligado nos céus, e o que você desligar na terra terá sido desligado nos céus.

Mateus 16.18-19

Surpreendentemente, Jesus confiou esse grande movimento a Pedro e deu início a ele no dia de Pentecoste, por meio do sermão de Pedro em Atos 2.14-36. Deus tinha um plano intencional para aperfeiçoar a fé dos discípulos, levando-os para bem longe da zona de conforto.

Crie oportunidades

Quando estamos com nossos filhos em lugares de conforto e complacência, somos responsáveis por criar oportunidades para expô-los a situações que desafiem sua fé e seus recursos humanos. As viagens missionárias foram oportunidades que criamos para pôr essas ideias em prática. Na época em que nossos filhos eram pequenos, decidimos que queríamos viver de tal forma que nossos

104 Espiritualidade em família

filhos conhecessem diversas culturas, crenças religiosas, informações demográficas e sociológicas, idiomas, situações econômicas e estruturas políticas.

Viajamos algumas vezes ao exterior, mas realizamos também a obra missionária em nossa comunidade. Moramos numa área cosmopolita, onde existem várias comunidades relativamente perto de nossa casa. Descobrimos que nossos filhos foram forçados a depender de Deus em situações que nunca teriam enfrentado caso permanecessem na segurança de nosso lar e de nossa comunidade durante os anos em que cresciam.

Levamos nossos filhos a casas de repouso, cozinhas comunitárias, abrigos para sem-teto e bancos de alimento, bem como a campos de colheita para ver as pessoas vivendo em acomodações temporárias. Cada uma dessas oportunidades deu-lhes tempo para ampliar seus conhecimentos, aprender como outras pessoas vivem e ver beleza onde menos esperavam encontrar. Essas experiências nos capacitaram a trocar ideias sobre o que Jesus disse a respeito de tais circunstâncias.

Movida pelo desespero

Quando minha filha tinha apenas dezoito meses de idade, meu marido recebeu um telefonema convidando-o a lecionar numa faculdade no Quênia por três meses. Minha filha era um bebê, e eu não estava muito longe disso. Era uma jovem mãe tentando descobrir o significado de criar uma filha. Durante aqueles meses num vilarejo chamado Kijabe, amadureci de formas difíceis de definir.

Amadureci como mulher, como mãe, como esposa e como filha de Deus. Desesperava-me quase todos os dias. Clamava a Deus para me ajudar, me apoiar, me fortalecer e ser meu amigo. Eu não tinha nenhuma das comodidades caras e supérfluas que havia em minha casa nos Estados Unidos. Não tinha nada. Não tinha forno, máquina de lavar nem máquina de secar, e quase sempre faltava água quente e eletricidade. Não tinha telefone nem computador, nem sequer uma amiga. Estava terrivelmente sozinha e criando uma filha num lugar estranho, longe da comunidade de amigos e de minha família.

Durante aqueles meses que moldaram definitivamente minha vida como mulher adulta e mãe, Deus ensinou-me muita coisa sobre simplicidade e o que era mais importante no grande esquema da vida. Quando terminei minha missão no Quênia, senti que poderia ser vitoriosa em tudo como mãe, tendo Deus a meu lado. Ao fazer uma retrospectiva, vejo que Deus estava moldando a postura de meu coração em relação ao ambiente fora de minha zona de conforto.

Famílias em missão
Quando retornamos do Quênia e nosso filho nasceu, um ano depois, nunca me ocorreu "esperar que meus filhos crescessem um pouco mais" para partir numa missão. Sinto-me feliz por Deus ter feito isso por mim. Eu não tinha experiência suficiente para ter essa intenção, então Deus agiu em meu favor. Porém, comecei a pensar: "Bom, se sou capaz de carregar minha filha presa às minhas costas ou se consegui carregá-la no quadril na África, por que não posso fazer o mesmo em *outro lugar*?".

Esta ideia passou a ser valorizada por nós: criar nossos filhos como se estivéssemos em *trabalho missionário* — em qualquer lugar. Por exemplo, levar um vizinho ao médico, tomar conta do filho de outra pessoa, sacrificar-se para oferecer algo a um necessitado ou escolher ser amigo de alguém sem amigos em nossa comunidade. Eu queria que nossa família amadurecesse e encarasse cada dia como um dia para estar numa missão de Deus.

Hoje, ao olhar para meus filhos, sou grata porque eles conhecem outros idiomas, não se atrapalham por ter de lidar com diferentes moedas, comem uma grande variedade de alimentos e conversam com pessoas de cor e raça diferentes. Esses são apenas alguns exemplos que os tiram de sua zona de conforto. Nunca sabemos como Deus usará essas habilidades de modo que causem impacto no resto da vida deles e no reino de Deus, mas é grande meu entusiasmo por ver que a vida de meus filhos continua a expandir-se.

Quando nossos filhos eram pequenos, sair da zona de conforto significava simplesmente não ter seu brinquedo favorito enquanto estávamos viajando em missão, mas, agora que são mais velhos, parece que é Deus quem normalmente estabelece metas altas para eles. Ele é fiel para não permitir que imaginemos ter chegado ao "pico" a ponto de dizer "Chega!". Nunca *chegaremos*.

106 ESPIRITUALIDADE EM FAMÍLIA

Não nesta vida. Paulo lembra-nos dessa verdade quando diz: "Estou convencido de que aquele que começou boa obra em vocês, vai completá-la até o dia de Cristo Jesus" (Fp 1.6). Continuaremos a trabalhar até o dia em que veremos Jesus face a face.

Uma geração de força renovada

Existem, sem dúvida, outras situações que tiram nossos filhos da zona de conforto. Nesse ambiente, é muito importante que os pais os ajudem a enfrentar seus medos. Pense na imensa variedade de medos que eles enfrentam: de conhecer novas pessoas, de nadar, de cães, do escuro, de dormir sozinhos, de palhaços (quem não tem medo deles?), de montanha-russa, da nova escola ou da nova cidade, de alimentos desconhecidos, de insetos, daquela tia estranha, de aranhas — só para citar alguns. Você ajudará seus filhos a amadurecer nessa área se *enfrentar* esses medos e provações ao lado deles em vez de simplesmente os evitar.

Paulo nos encoraja quando atravessamos provações e vivemos fora de onde normalmente encontramos conforto. Ele diz:

> Por isso não desanimamos. Embora exteriormente estejamos a desgastar-nos, interiormente estamos sendo renovados dia após dia, pois os nossos sofrimentos leves e momentâneos estão produzindo para nós uma glória eterna que pesa mais do que todos eles.
>
> 2Coríntios 4.16-17

Quando cremos realmente que aquilo que Deus está preparando para nós na eternidade é muito melhor que os sofrimentos pelos quais passamos aqui na terra, somos livres para correr riscos nesta vida sem estar amarrados pelo medo. Uma geração fortalecida por essa mentalidade será uma geração com a qual poderemos contar — disso eu tenho certeza!

8

UM REINO QUE NOS FOI CONFIADO

O ambiente da responsabilidade

O problema com a fé profunda é que ela tem um preço. E existe algo dentro de mim, um animal egoísta que não gosta nem um pouco da verdade porque ela acarreta responsabilidade, e se eu creio verdadeiramente nessas coisas tenho de fazer algo a respeito delas.

DONALD MILLER[1]

Fardo ou bênção?

Se a ideia de tirar seus filhos da zona de conforto deixa você um pouco desconfortável, talvez goste do impacto que este novo ambiente causará em seu lar: responsabilidade. No entanto, precisamos ser sinceros: *responsabilidade* é uma palavra que normalmente nos deixa sobrecarregados. A simples palavra parece atrair a sensação de coisas que *temos* de fazer, e não de coisas que *gostamos* de fazer. É parecida com a expressão *tarefas domésticas* no ambiente de servir. Contudo, ser responsável por alguém ou por alguma coisa significa ter de prestar contas. E, se eu moro num ambiente no qual não sou responsável por alguém ou por alguma coisa, concentro-me apenas em mim e ajo de modo egoísta e míope em minha perspectiva.

Foi por esse motivo que Paulo disse à igreja recém-formada em Filipos: "Cada um cuide, não somente dos seus interesses, mas também dos interesses dos outros" (Fp 2.4). Paulo sabia que eles, assim como nós, seriam tentados a viver como se ocupassem o primeiro lugar na lista e, agindo assim, perderiam a aventura para a qual Deus os estava chamando.

No reino de Deus, quando somos chamados à responsabilidade, ele *confia* seus planos a nós! Que conceito extraordinário: fui incumbida de cumprir aquilo que Deus deseja que eu faça ou diga em seu nome! *Somos* realmente parte do que ele deseja realizar, e é aí que o divertimento entra, tanto para nós como para nossos filhos.

O bom samaritano

Certo dia, quando minha filha tinha apenas 3 anos e meio, meu marido lera a Bíblia com ela diante da mesa do café da manhã. Era comum ele ler histórias da Bíblia para ela antes de sair para o trabalho — só por alguns minutos — e depois conversar sobre a história. Naquela manhã ele lhe contara a história do bom samaritano, em Lucas 10. Depois de ler a história e explicá-la, ele a beijou e saiu.

Fui buscá-la mais tarde na escola, onde brincava com um grupo de crianças. Perguntei-lhe se gostaria de tomar sorvete e ela adorou a ideia. No caminho paramos no sinal de trânsito, perto de um sem-teto sentado à beira da autoestrada. Ele estava malvestido, tinha poucas coisas a seu lado e segurava um cartaz.

Ao vê-lo, minha filha perguntou:

— O que está errado com aquele homem, e o que está escrito no cartaz?

Respondi que o cartaz dizia que ele estava com fome e expliquei que provavelmente ele não tinha casa, nem emprego, nem dinheiro. Minhas palavras a perturbaram.

— O que você quer dizer? Onde ele dorme? Como ele come?

Enquanto tentava explicar a situação da melhor maneira possível, ela me interrompeu para avisar que daria comida a ele, se ele estivesse com fome.

Comecei a pensar com meus botões: "Estou cansada... quero ir para casa... planejei tomar sorvete com minha filha... não sou nem um pouco responsável por este homem". Eu tinha apenas cinco dólares na carteira, de modo que disse a minha filha que poderíamos comprar comida para ele *ou* tomar sorvete.

— O que você quer que eu faça? — perguntei.

Aprendendo a observar

Bem, decididamente ela quis oferecer alimento a ele, por isso fomos a uma lanchonete para comprar um sanduíche. Ao voltarmos

à esquina onde o homem estava, ela abriu o vidro do carro e entregou-lhe o sanduíche. Ele pegou o pacote da mão dela e disse:
— Puxa! Obrigado. Deus abençoe você.

Enquanto partíamos, minha filha gritou pela janela do carro:
— Deus abençoe você!

Testemunhei a alegria de uma criança de 3 anos por ter sido generosa e assumido a responsabilidade por alguém! Refleti sobre minha conduta ao ver seu altruísmo e seus motivos puros. Ela já estava experimentando as promessas de Deus quando ele diz que "há maior felicidade em dar do que em receber" (At 20.35). Ela deu um sanduíche e não tomou sorvete naquele dia. Ofereceu-o com o coração puro, embora eu não estivesse disposta a isso.

Naquela noite, quando meu marido voltou para casa, ela correu para os braços dele, gritando: "Papai, papai... você não vai acreditar, mas hoje eu fui uma *boa americana*". É claro que minha filha era uma boa americana, mas, para ela, foi uma oportunidade de pôr em prática a história que ouvira de manhã sobre o bom samaritano. Eu não sabia que ele havia lhe contado aquela história no café da manhã, mas, aos 3 anos de idade, ela já estava sendo usada pelo Espírito de Deus para ajudar uma pessoa necessitada.

Meu marido tinha dito a ela naquela manhã: "Agora que você conhece essa história, quero que olhe para todos os lados durante o dia — seja *observadora*, procure alguém que precisa de sua ajuda. Fique atenta, arregale os olhos. Olhe, porque Deus vai colocar alguém em seu caminho para você assumir a responsabilidade por essa pessoa". Ao dizer isso, ele despertou a curiosidade dela e aguçou seus pensamentos, e ela olhou para todos os lados o dia inteiro. Procurou tanto que, ao ver aquele homem com fome, ficou impressionada e experimentou a fé em ação.

Depois daquele dia e nos anos seguintes, todas as vezes que meus filhos saíam para a escola eu os encorajava a olhar para todos os lados. Dizia que alguém poderia estar necessitando de uma palavra bondosa e os incentivava a procurar aquela pessoa. Ou dizia que eles eram muito generosos e que Deus queria usar essa generosidade. "Prestem atenção em alguém hoje. Procurem meios de encorajar alguém ou de serem honestos diante de pessoas desonestas", eu dizia.

Depois, na hora do jantar, eu lhes perguntava se haviam conseguido encontrar um meio de pôr em prática aquilo que conversáramos. Percebemos que essas oportunidades existem todos os dias de nossa vida — mas às vezes não estamos à procura delas. Quando somos despertados para o que Deus está fazendo à nossa volta, a responsabilidade passa a fazer parte de algo muito maior que nós.

Um chamado abrangente

Definitivamente, o conceito de criar um ambiente de responsabilidade em nosso lar é uma ordem de Deus que engloba uma variedade de áreas. Primeiro, o conceito chama a atenção para a habilidade de assumir responsabilidade perante Deus pela vida, dons e recursos de alguém. Segundo, desafia-nos a assumir responsabilidade pelo bem-estar das pessoas de nossa família e por nossa família espiritual em Cristo. Por último, convoca-nos a buscar com amor aqueles que estão sofrendo, passando por necessidades e espiritualmente perdidos, reconhecendo nossa responsabilidade pelos que ainda não conhecem Jesus e seu perdão.

A igreja primitiva, descrita em Atos dos Apóstolos, levava esse assunto a sério. Quando foram despertados para uma nova vida em Cristo por meio do Espírito Santo, mudaram radicalmente de vida. Com grande sacrifício, doaram generosamente seu tempo, talentos, dinheiro, casas e refeições aos que faziam parte de sua nova família em Deus. Além disso, essas mesmas pessoas cuidaram dos pobres, dos excluídos, dos perdidos e dos sem-teto da cidade onde moravam. Foram exemplos daquilo em que acreditavam, e atraíam quem os observava. Nesse ambiente no qual cada pessoa assumia responsabilidade por ela própria e por todos a seu redor, a igreja crescera impetuosa! Era impossível detê-la.

A lei de semear e colher

Um dos aspectos fundamentais da responsabilidade é semear e colher. A maioria de nós não mora em área rural, onde as crianças convivem com as técnicas de cultivo da terra. Mas, para aqueles que moram em áreas rurais, cultivar a terra é uma das maneiras mais eficazes de ajudar as crianças a entender a lei de semear e colher. Na semeadura e na colheita, você colhe o que planta.

Os agricultores sabem que o ambiente tem muito a ver com o que plantam. E o que eles plantam no solo é o que brota depois. No lugar onde você planta grãos de milho não nasce um pessegueiro. Você colhe o que planta. Paulo deixou essa questão bem clara aos gálatas:

Não se deixem enganar: de Deus não se zomba. Pois o que o homem semear, isso também colherá. Quem semeia para a sua carne, da carne colherá destruição; mas quem semeia para o Espírito, do Espírito colherá a vida eterna. E não nos cansemos de fazer o bem, pois no tempo próprio colheremos, se não desanimarmos. Portanto, *enquanto temos oportunidade, façamos o bem a todos*, especialmente aos da família da fé.

Gálatas 6.7-10

Quando meus filhos eram pequenos, eu queria que tivessem esse entendimento prático de semear e colher, por isso plantamos uma horta. Eu sabia que na escola eles haviam colocado um grão de feijão num copo com uma bola de algodão umedecido e viram o feijão germinar, mas aquilo era diferente. Queria que eles tivessem uma horta para cuidar. Compramos sementes e grãos de todos os tipos: tomate, pimentão, milho, melancia e uma variedade de sementes de flor para preencher o caminho de terra ao lado de nossa casa.

Meus filhos plantaram as sementes e os grãos e depois os rotularam, para lembrar-se do que haviam *semeado*. E ficaram observando para ver se *colheriam* a mesma coisa que plantaram. Evidentemente, tiveram de retirar as ervas daninhas da horta, podar, regar, cuidar e, depois, esperar para ver o fruto ou a flor brotar. E, quando brotaram, comemoramos!

Momentos de aprendizado

Ora, por que essa atividade é tão importante? Se investir numa horta, você poderá extrair lições dessa analogia pelo resto da vida de seus filhos. Por exemplo, eles sempre associarão situações às metáforas de Jesus sobre plantio, poda, solo, sementes e ervas daninhas. Pense na quantidade de histórias da Bíblia que tratam desse conceito!

112　Espiritualidade em família

Também lhes dá senso de responsabilidade. Se assumirem responsabilidade pela horta, entenderão que suas ações têm efeito sobre o que acontece. Se escolherem não a regar, as plantas morrerão. Se escolherem não arrancar as ervas daninhas, a horta não dará muitos frutos. Se escolherem pisar em cima dela quando estiverem jogando futebol, não colherão nenhum fruto. Mas, se forem fiéis em cuidar dela, receberão a recompensa.

O ambiente da responsabilidade estende-se além de nossa casa. Podemos incutir esse senso de responsabilidade em nossos filhos usando muitos outros exemplos. Precisamos criar oportunidades nas quais eles possam assumir responsabilidade não apenas pelas pessoas da família, mas também pelos outros: comunidade, escola, dinheiro, tempo e talentos. Se você pensar em todas as coisas pelas quais somos responsáveis, como adultos, verá que são muitas. A responsabilidade é fundamental para a vida. Como nossos filhos se esforçarão para fazer os deveres de casa, darão tudo de si pelo time no qual estão jogando, ficarão ao lado de um amigo durante uma fase difícil e aplicarão essa lição no casamento ou com os membros da família? Se você cultivar um ambiente de responsabilidade hoje, receberá dividendos a vida inteira.

Responsabilidade por minha vida e meu mundo
Antes de ser responsável por outra pessoa, preciso ser responsável por *mim*. Não se trata de um ato de egoísmo, mas de um ato necessário. Meu amigo Roger Tirabassi ilustrou muito bem esse ponto ao dizer que as empresas aéreas entendem esse conceito quando instruem os passageiros: "Em caso de emergência, se você estiver viajando com uma criança, coloque *primeiro* a máscara de oxigênio em você *antes* de colocar a máscara na criança". Quando assumo a responsabilidade por mim, tenho melhor condição de ajudar os outros.

Como pais, nossa função é ensinar nossos filhos a serem responsáveis pelo corpo e pela vida deles. Pense na imensa variedade de áreas que precisamos cobrir antes que nossos filhos saiam de casa. Precisamos ensinar-lhes a manter a higiene pessoal, arrumar o quarto e a cama, ter boas maneiras à mesa e hábitos alimentares saudáveis, fazer exercícios físicos, resolver problemas de matemática, escrever uma boa frase, conhecer Jesus e a

Palavra de Deus, lavar roupa, preparar uma refeição, conversar olhando nos olhos, cumprimentar com um aperto de mão, sentar-se silenciosamente, falar, ser pontual, administrar o dinheiro, dirigir carro, interagir com o sexo oposto, interagir com a família agregada, dizer "por favor" e "obrigado" — tudo com sinceridade... e a lista continua.

Creio que, entre outros motivos, Deus colocou as crianças em lares nos quais os pais são os primeiros professores porque ele sabe que, se elas crescerem num ambiente onde são responsáveis pela lista mencionada (e muito mais), o Espírito Santo trabalhará dentro delas para que cultivem a retidão. A responsabilidade assenta o alicerce que sustenta todos os outros aspectos de nossa vida. No entanto, os pais costumam não dar valor a essa tarefa porque têm muitos compromissos, estão exaustos ou se sentem despreparados para alcançar os efeitos desejados. Sejam quais forem os obstáculos, os pais cheios do Espírito precisam levar sua tarefa a sério. O Espírito Santo usa essa virtude na pessoa como meio de transformação espiritual.

Há muitas categorias dentro do assunto de assumir responsabilidade por si mesmo e pelos outros, e há também muitos livros que ensinam os pais a focar essas coisas, por isso abordarei apenas uma das questões da responsabilidade pessoal que, a meu ver, tem um impacto muito amplo: a administração do dinheiro.

Administrando o dinheiro

Administrar o dinheiro é um princípio bíblico — apesar de vivermos numa sociedade que diz que todos nós *merecemos* ter o que desejamos, e quando desejamos. A gratificação imediata é dona de nosso universo. As crianças adotam rapidamente essa postura na vida, e quase sempre o dinheiro é o que elas mais desejam. A dívida de nosso país, e de cada cidadão, está enorme. Quando seguimos a mentalidade de "compre agora e pague depois", roubamos de nós e de nossos filhos a chance de assumir responsabilidade. Quem é responsável diz: "Se eu não tenho dinheiro, não posso ter essa mercadoria/experiência", porém a reivindicação de direitos entra em jogo e essa forma de orgulho guerreia com a responsabilidade.

Pelo fato de meu marido e eu estarmos conscientes dessa sedução sutil e de eu ter sido engolida por ela nos tempos da

114 Espiritualidade em família

faculdade, decidimos ajudar nossos filhos a administrar o dinheiro desde cedo. Quando eles estavam nos primeiros anos escolares, começamos a dar-lhes um pouco de dinheiro para gastar durante o mês. De certa forma, eles recebiam mais dinheiro que a "mesada" da maioria de seus amigos, mas *teriam* de administrá-lo diante das muitas necessidades e desejos que surgiriam, como presentes para as inúmeras festas de aniversário às quais eram convidados, lanches que queriam comer por simples capricho ou brinquedos que queriam comprar. Com esse exemplo em mente, poderiam assumir a responsabilidade de cuidar de seu dinheiro e administrá-lo. À medida que eles cresciam, aumentamos a quantia, a fim de que comprassem quase tudo de que necessitavam, exceto o que havia em nossa casa.

Ser ou não ser dizimista?

Um dos ensinamentos a respeito do dinheiro no Antigo Testamento é o conceito do dízimo. Ora, o dízimo (ou *um décimo*) fazia parte da vida do povo hebreu. Rebanhos, ganhos em dinheiro e até ervas, fosse o que fosse: um décimo de tudo era levado ao depósito e usado para várias finalidades. Com essas ofertas, eles cuidavam dos pobres, dos necessitados e das viúvas da comunidade. E mais, o dízimo servia para cuidar dos sacerdotes e das pessoas que faziam parte da tribo de Levi. Era assim que aquela comunidade era instruída a assumir responsabilidade uns pelos outros. Uma questão inegociável. *Todos* davam 10%.

Quando aplicamos esse conceito à sociedade de hoje, há alguns aspectos que merecem ser observados em relação a nossos filhos. O primeiro é que muitas vezes as igrejas falam do dízimo fora do contexto do *por quê*. Quando eu era criança, aprendi que deveria dar 10% de meu dinheiro a Deus, porque devia ser assim. Certamente poderíamos questionar essa perspectiva, mas há um problema muito maior. Se eu ofertar o dízimo por obrigação, posso simplesmente preencher um cheque e riscar esse item de minha lista. É tentador sentir-me justa por ter cumprido essa obrigação, e isso se torna uma forma condicionada de abordar minha espiritualidade.

Em vez disso, devemos nos lembrar de alguns ensinamentos de Jesus no Novo Testamento a respeito do dinheiro ou de ofertar: ofertar com generosidade e ofertar com alegria. Em geral, as pessoas que leem os padrões do Novo Testamento e pensam em ofertar o dízimo acham que Jesus nos livrou dessa "obrigação" porque agora estamos debaixo da graça. Mas, na verdade, a responsabilidade aumentou! Em vez de dizer: "Quero que você oferte 10%", Deus agora diz: "Quero que você oferte generosamente".

Generosamente e com alegria, sem restrições

O aspecto grandemente poderoso nessa declaração é que temos de ter um *relacionamento* com Deus para descobrir o que significa ser *generoso*. Esse foi um enorme "é isso!" para mim. Para algumas pessoas, ser generoso significa ofertar 30%, talvez 50%. Conheço um indivíduo que vive com apenas 40% de seu ganho e oferta generosamente os 60% restantes. Sessenta por cento!

Ser generoso significa também ofertar *com alegria*. Observe que Jesus não diz que devemos ofertar por dever ou piedade. Se entendermos que tudo que possuímos pertence a Deus, ele não deve receber apenas 10%. Meu pastor, Mike Erre, diz: "Em vez de perguntar: 'Quanto de meu dinheiro Deus deve receber?', preciso perguntar: 'Quanto dinheiro de Deus vou guardar para mim?'". Esse é um modo de pensar revolucionário, e temos o dever de transmiti-lo a nossos filhos.

Acho bom que ensinemos nossos filhos a separar uma parte do dinheiro deles e ofertar generosamente. Se você achar que deve ser 10%, ótimo. Às vezes é fácil para eles calcular que, se tiverem dez dólares, devem ofertar um dólar. Mas as crianças são generosas, e aposto que, se você desafiar seus filhos a serem generosos mostrando-lhes onde estão as necessidades, haverá ocasiões em que eles ofertarão os dez dólares.

Pense na viúva pobre da Bíblia que ofertou tudo que possuía (cf. Lc 21.4). A palavra grega no original que expressa esse tipo de pobreza significa viver na miséria ou no desespero. Para mim, o que significa ofertar por desespero? Na história, os ricos estavam colocando grandes quantias de dinheiro nas caixas de ofertas no templo. De repente, uma viúva chegou e deu tudo que possuía — deu sua pobreza. Deu 100%! Por que Jesus se encantou com aquela mulher? Foi porque ela ofertou com alegria? Ela não estava calculando: "Devo ofertar 10% de 2 centavos?". Não, ela ofertou sem restrições.

As crianças podem ter essa postura e desenvolvê-la dentro do ambiente da responsabilidade. Como seria nosso mundo se uma nova geração se sentisse responsável pelo local onde vive e ofertasse com generosidade e sacrifício, sem restrições? Quero que meus filhos vivam num mundo como esse!

Somos responsáveis por nossa comunidade

Certa noite, meus filhos e eu saímos para caminhar um pouco. Isso foi na época em que nosso bairro era relativamente novo e ainda estavam construindo casas e outras estruturas. Havia uma igreja sendo construída bem no centro do bairro. Enquanto caminhávamos, vimos cartazes anunciando que haveria uma grande inauguração dali a alguns dias. Nas semanas anteriores, tínhamos caminhado por lá à noite, então acompanhamos o progresso da construção — primeiro a estrutura, depois a pintura e, finalmente, a parte da jardinagem.

Poucos dias antes de nosso passeio, a igreja havia coberto o terreno com um lindo gramado. No entanto, naquela noite notamos que alguém havia passado de carro sobre o gramado e destruído grande parte dele. Ficou horrível. Paramos e conversamos sobre o assunto, tristes por saber que o domingo estava chegando e a igreja havia trabalhado tanto para a inauguração.

Eu disse a meus filhos:

— Vocês podem imaginar a tristeza das pessoas quando chegarem à igreja na manhã de domingo e virem o gramado todo destruído depois de tanto sacrifício que fizeram? — E prossegui. — Quem é o responsável?

— Quem passou por cima do gramado, é claro — eles responderam.

— É verdade. E vocês acham que quem passou por cima do gramado vai voltar para reparar o estrago?

— Não — disseram.

Perguntei, então, a meus filhos quem mais seria responsável por deixar o local em ordem. Eles mencionaram as pessoas da igreja, o jardineiro e até o pastor.

Eu disse que não sabia quem, na igreja, seria responsável, mas era bem provável que essas pessoas só veriam o estrago no domingo, e seria tarde demais.

— Então — voltei a perguntar — quem é o responsável?

Eles começaram a dizer a si mesmos: "Ah, não, ela vai concluir que somos *nós*, certo?!". Olharam envergonhados para mim e responderam em uníssono:

— Nós — responderam, meio que afirmando, meio que perguntando.

Eu quis ir mais fundo:

— Muito bem, *por que* nós somos os responsáveis?

Enquanto pensávamos na pergunta, começamos a ver o gramado e a igreja por um novo ângulo.

Éramos responsáveis por aquela situação porque professávamos a mesma fé que os membros daquela igreja. Eles eram nossos irmãos e irmãs em Cristo, embora não os conhecêssemos. Éramos responsáveis porque morávamos no mesmo bairro. Por esse motivo, a grama precisava ser reparada, e precisava ser reparada antes de domingo.

Quando damos oportunidades tangíveis a nossos filhos de pôr em prática o que lhes ensinamos, criamos ambientes para que o Espírito de Deus trabalhe no coração e na vida deles, por isso é muito importante procurar oportunidades. Precisamos arregalar os olhos, estar atentos ao Espírito de Deus e orar sempre, pedindo a Deus que nos ensine a criar nossos filhos dentro dessa formação espiritual.

Uma mudança de coração necessária

Para dizer a verdade, sei que deixo muitas vezes de aproveitar as ocasiões de ensinamento. É difícil lidar com essas situações, porque não sou necessariamente a pessoa que desejo que meus filhos sejam. É uma luta, pois desejo desesperadamente que meus filhos façam sacrifícios e sejam altruístas, que tenham olhos para ver as necessidades ao redor deles e que assumam responsabilidade pelo que Deus lhes pede que façam. É por isso que grande parte da missão dos pais cheios do Espírito gira em torno da obra que Deus deseja fazer em cada um de nós, em primeiro lugar.

Por ser nosso Pai, Deus está criando ambientes de aprendizado para nós também! Mas, quando eu deixo a desejar — não sendo exemplo de responsabilidade —, volto atrás e *assumo a culpa*. Digo a meus filhos: "Querem saber? Eu devia ter assumido responsabilidade por isto ou aquilo, mas não assumi. Deixei passar aquela bênção. Sei que Deus vai fazer o que eu não fiz. Deus vai realizar aquilo que ele deseja, mas eu poderia ter feito parte de sua Grande História — e perdi a vez. Vou procurar outra oportunidade. Da próxima vez vou agir diferente".

Quando estou cansada, peço força a Deus. Chego até a parar e orar diante de meus filhos, para que eles entendam que escolhi ser responsável por mim e pelos outros com a força que Deus me deu, não com a minha. Quero ser um ótimo exemplo — de nada adiantará eu ser uma supermãe aos olhos deles.

Ser mãe cheia do Espírito significa que terei uma vida autêntica diante de meus filhos e permitirei que sejam testemunhas de minha jornada de fé. De vez em quando, todos nós somos puxados para o lado do egoísmo. Porém, uma vez que responsabilidade é algo que Deus pede de nós, podemos orar e pedir-lhe que mude nosso coração.

Esse tipo de fé autêntica, na qual assumimos responsabilidade por nossos erros abertamente, nos torna muito mais eficientes quando nossos filhos erram e precisamos lidar com o próximo ambiente: correção de rumo.

9

DISCIPLINA QUE CURA

O ambiente da correção de rumo

Foi assim que Deus escolheu nos revelar o amor divino: aceitando-nos de volta com um abraço de compaixão e convencendo-nos de que a ira evaporou na misericórdia infinita.

HENRI NOUWEN[1]

Disciplina bíblica

No contexto de pais cheios do Espírito, a disciplina traz à tona mais perguntas que qualquer outro assunto. O ambiente da correção de rumo descreve a disciplina bíblica. No entanto, escolhi a expressão *correção de rumo* porque amo a imagem metafórica do significado de corrigir o rumo de alguém.

Como pais, a disciplina de nossos filhos é um dos aspectos que mais exigem tempo e energia em nossa vida diária. Como devemos disciplinar nossos filhos e como a disciplina reflete quem é Deus? As respostas a essas perguntas deixam claro que a função de criar filhos é uma tarefa que deve ser levada a sério!

Nos capítulos 3 a 5, falamos sobre como estabelecer um alicerce firme para a identidade em Cristo na narrativa do grande panorama e na família de fé da qual Deus nos convidou, por sua graça, a fazer parte. A seguir, discutimos como esse alicerce poderia ser usado para uma busca mais ampla do que ficar preso ao próprio egoísmo. Os ambientes de servir, de sair da zona de conforto e da responsabilidade cultivam corações focados no mundo que nos rodeia. Apesar de todos esses esforços, nossos filhos vão cometer erros e necessitar de correção de rumo.

120 Espiritualidade em família

Da dor à cura

O desespero quase sempre nos leva a procurar um livro, uma pessoa ou uma estratégia que nos esclareça como vencer essa missão grandiosa. A tarefa da disciplina bíblica é exaustiva e faz o mais dedicado dos pais ajoelhar-se — o que, ironicamente, é a primeira decisão que pais cheios do Espírito têm de tomar. Em vez de confiar em nossa sabedoria e força ou desistir de vez, precisamos recorrer a Jesus e perguntar-lhe: "Como gostarias que eu corrigisse o filho que tu me deste?". Nesse ato de rendição, estamos prontos a entender o que Deus mais deseja para nós na questão da correção de rumo.

O autor de Hebreus explica como a correção de rumo funciona:

> Nenhuma disciplina parece ser motivo de alegria no momento, mas sim de tristeza. Mais tarde, porém, produz fruto de justiça e paz para aqueles que por ela foram exercitados. Portanto, fortaleçam as mãos enfraquecidas e os joelhos vacilantes. "Façam caminhos retos para os seus pés", para que o manco não se desvie, antes, seja curado.
>
> Hebreus 12.11-13

Quando recorremos a Deus nessa passagem em busca de seu plano de disciplina, jamais devemos parar no versículo 11. Apesar de concordarmos que "nenhuma disciplina parece ser motivo de alegria no momento, mas sim de tristeza", se pararmos aí simplesmente, poderemos ser levados a acreditar que a disciplina não passa de uma experiência dolorosa e negativa. Esse tipo de disciplina merece um nome diferente: *castigo*. Nos casos em que o castigo deve ser aplicado, quase sempre deparamos com outras coisas: querer nos esconder, culpar os outros, culpar a nós mesmos e sentir vergonha. No entanto, o objetivo da disciplina bíblica é completamente diferente — tem muito mais a ver com redenção!

O problema do castigo

Se minhas ações erradas forem apenas corrigidas com sofrimento e castigo, dentro de pouco tempo vou criar um plano B. Algumas crianças (e adultos também) decidem que não vale a pena sofrer a consequência do erro e param de pecar ou de reincidir no erro, movidas por força de vontade. Esforçam-se cada vez mais para não pecar ou cometer erros, e a vida passa a ser uma jornada à qual Dallas Willard dá o nome de "administração do pecado". Há um ponto delicado nessa atitude: a raiz do problema não muda na pessoa. Não lhe é dada a oportunidade de reconhecer o erro e receber restauração. Conforme as crianças vão crescendo, elas se tornam cada vez mais conscientes de sua degradação, e a administração do pecado passa a tomar conta delas o tempo todo! A raiz do problema é simplesmente controlada e nunca tratada, por isso a vergonha e a culpa prevalecem — e elas nos levam a nos esconder de Deus.

Você se lembra de Adão e Eva? Quando ambos pecaram e seus olhos foram abertos para o bem e o mal, reconheceram seu erro. No entanto, com medo de Deus — e do "castigo" que ele lhes imporia —, começaram a jogar a culpa um no outro, a se esconder e a sentir peso na consciência e vergonha. No esconderijo onde estavam, ouviram a voz de Deus chamando-os para enfrentar seu pecado com franqueza e sinceridade.

Eles sofreram as consequências de seu pecado, com certeza, porém Deus prometeu que estabeleceria uma correção de rumo — não apenas para Adão e Eva, mas também para toda a humanidade. Prometeu que, um dia, enviaria um Redentor, e esse Redentor daria ao povo uma chance de vitória e restauração. Adão e Eva, assim como nós, necessitavam de algo muito maior que um castigo. Necessitavam de uma solução que não apenas controlasse a situação, mas que a corrigisse permanentemente.

Decidimos que não usaríamos a palavra *castigo* em nossa casa por vários motivos. Se você analisar o texto de Hebreus 12, verá que não há nada sobre castigo. Em termos bíblicos, castigo é receber a ira de Deus. E tenho certeza de que há ocasiões em que você pensa como eu, e tudo que deseja é que seu filho receba a ira de Deus! Mas em Cristo não sofremos a ira de Deus. Aleluia!

Queremos, portanto, ser bons exemplos para nossos filhos, a fim de que entendam o que significa andar *no caminho do Divino*. E, para que conheçam o que é verdadeiro e real, nós os colocamos diante de Deus e de seus planos para a vida deles. Quando eles erram — e vão errar —, queremos corrigir o rumo deles, para que entendam sua posição diante de um Deus santo.

A cura do pecado

Então, qual é o objetivo da correção de rumo? Se o objetivo do castigo é a ira de Deus, qual é o objetivo da correção de rumo ou da disciplina bíblica de acordo com os versículos de Hebreus? Ele se encontra na última palavra do versículo 13: *cura*. Nosso objetivo final, como pais, é aplicar a disciplina de Deus na vida de nossos filhos de tal forma que eles experimentem a cura de seus pecados. Você entendeu? Leia de novo: *Nosso objetivo final, como pais, é aplicar a disciplina de Deus na vida de nossos filhos de tal forma que eles experimentem a cura de seus pecados.*

Se formos capazes de aplicar essa realidade em nosso lar, então nossos filhos, por meio de Cristo, terão uma experiência insuperável de cura espiritual. Poucas pessoas terão a mesma sensação de nossos filhos, a sensação de ser amadas apesar de seus pecados. Esse, porém, é um conceito bíblico para aqueles que estão em Cristo. Nada poderá nos separar do amor de Deus (Rm 8.38-39). Nossa posição perante Deus não é abalada quando necessitamos de correção; em vez disso, nosso coração necessita de cura. E qual é a melhor ocasião para receber amor do que quando estamos sofrendo? O que nossos filhos sentiriam ao experimentar essa graça?

Formação espiritual *versus* modificação de comportamento

Frequentemente me espanto — quando estou no supermercado, no banco ou no parque — ao ver a quantidade de disciplina da ira de Deus que presencio. Lembro-me de que eu usava essas mesmas técnicas quando era uma jovem mãe, sem autoridade sobre meus filhos. A disciplina da ira de Deus tem algumas frases conhecidas (veja se você se identifica com algumas): "Se você não parar de puxar o cabelo de sua irmã, vai se arrepender", ou "Espere até seu pai chegar em casa. Aí você vai ter um problema sério". Ou talvez você tenha dito ou ouvido alguém dizer: "Você vai levar uma surra tão grande que não vai conseguir sentar durante uma semana", ou "Se você não parar de choramingar, vou lhe dar um motivo para chorar de verdade!". Todos nós dizemos algumas frases clássicas que nossos pais nos diziam, certo? Basicamente, porém, todas têm a mesma conotação: "Você vai ficar tão triste, tão arrependido, tão dolorido ou tão machucado que nunca mais vai querer fazer 'isso' de novo".

Infelizmente, esse não é o propósito da correção de rumo. Não se trata simplesmente de submeter meu filho a uma experiência tão negativa a ponto de ele não querer fazer "isso" de novo. Em última análise, o propósito da disciplina é criar um ambiente no qual a raiz do problema seja exposta e curada, de modo que deixe de causar o comportamento negativo. Essa é a verdadeira formação espiritual, mas, em geral, damos mais valor à modificação de comportamento!

Mesmo quando são pequenos, nossos filhos se comportam de maneira errada — são egoístas ou rebeldes, ou têm uma atitude negativa — porque existe um problema na raiz, o problema do pecado. Nosso objetivo na correção de rumo é alinhar o coração deles com o caminho de cura que só Deus pode trazer. Quando fazemos isso, permitimos que nossos filhos sejam sinceros a respeito do pecado que cometeram, que não o escondam nem lidem com o problema sozinhos. Assim, podemos ajudá-los a começar a entender *por que* eles necessitam de um Salvador. Esse ponto é fundamental para a fé de nossos filhos. Portanto, ao ler Hebreus 12, devemos ter em mente que nosso objetivo na disciplina bíblica é a transformação espiritual. É sempre *esse tipo* de cura, quer eles tenham 1 ano, quer tenham 18 anos.

No centro da questão

Precisamos fazer perguntas a nossos filhos que atinjam o centro da questão, para trazer-lhes cura. Se nossas perguntas permanecerem no nível do comportamento em si, focaremos erroneamente o resultado, não a causa. Somos tentados a agir assim na agitação do dia a dia: estabelecer um modelo de disciplina que exige: "Pare de se comportar desse modo horrível... JÁ!".

No entanto, os pais cheios do Espírito penetram fundo o coração dos filhos e lhes dão um vislumbre da alma deles e dos motivos que os levam a pecar. Essa é uma ferramenta que os pais podem dar aos filhos para que, quando forem mais velhos e o pai e a mãe não estiverem por perto, possam dizer com convicção: "Sonda-me, ó Deus, e conhece o meu coração; prova-me, e

124 Espiritualidade em família

conhece as minhas inquietações. Vê se em minha conduta algo te ofende" (Sl 139.23-24).

Quando tinha 15 anos, meu filho Brendon adorava andar de *skate*. Passava horas todas as tardes andando de *skate* nos parques, no quintal, procurando o lugar perfeito para a manobra perfeita. Quase sempre eu era a motorista dele e de seus amigos, ajudando-os a procurar locais de grandes emoções e riscos. Enquanto os transportava de um local para o outro, ouvia as conversas e as palavras que usavam para descrever alguém ou um evento — e nem todas eram edificantes. Longe disso.

Às vezes, quando um garoto achava que o outro havia exagerado, ele avisava: "Ei, cuidado com o que você diz", e o outro se desculpava. Uma noite, depois de deixar todos os garotos em casa, meu filho e eu fomos fazer uma refeição juntos. Fiquei emocionada por tê-lo só para mim e conversarmos durante a refeição.

Ora, no mundo dos adolescentes, um resmungo geralmente basta para o diálogo. "Você está com fome?" [Resmungo] "Tem deveres de casa para fazer?" [Resmungo] "Você se divertiu?" [Resmungo] Que troca de ideias fascinante! Assim, enquanto jantávamos, meu filho resmungava. Mas foi bom, porque ele estava resmungando *comigo*, e eu queria que ele soubesse que eu me interessava por sua vida.

De repente, ele formulou uma frase inteira — em forma de pergunta, nada mais.

— Ei, mãe, você se incomoda quando meus amigos dizem palavrões? ... E você se incomodaria se *eu* dissesse palavrões?

Puxa! Eu sabia que não era hora de explodir de raiva. Fiz uma rápida oração e pensei em minhas opções.

Uma delas seria dizer: "Claro que eu me incomodaria se você dissesse palavrões! Você não me conhece? Não gostaria de me envergonhar na igreja, certo? Além do mais, é horrível, e você não deve fazer isso. Caso encerrado!". A segunda opção, porém, passou por minha mente como um vento leve e pareceu atingir o centro da questão. Eu disse:

— Brendon, eu me preocupo muito mais com seu coração. E Deus também se preocupa muito com ele, por isso não quero que você use linguagem grosseira apenas porque os outros usam e você não quer ficar de fora. Entretanto, não quero que não diga palavrões só porque seu pai e eu não gostamos. Você tem idade suficiente para saber o que se passa em seu coração e dizer palavras coerentes com quem você é.

Aguardei, mas não ouvi nenhum resmungo. Ele assentiu com a cabeça e começou a falar sobre seu dia, seus pensamentos, sua vida. Permanecemos naquele local por mais de uma hora, só *conversando* — trocando ideias sobre decisões a serem tomadas nos assuntos mais delicados da adolescência. Uma garçonete ouviu nossa conversa enquanto passava por nós e murmurou: "Que maravilha!", para mim, encantada por ver o nível de nosso diálogo — e, francamente, eu também estava encantada! Foi um dos momentos mais preciosos com meu filho, porque permiti que Deus usasse minhas palavras para penetrar o coração dele, e não apenas seu comportamento. Meu filho sentiu-se seguro naquele momento para desejar cura.

Primeira etapa: tem de ser doloroso
Hebreus 12 descreve um processo de três etapas para a correção de rumo. O versículo 11 diz que a disciplina nunca é divertida quando está sendo aplicada, mas sim *dolorosa*. A primeira etapa é a da *dor*. Você poderá dizer: "Bom, a dor se parece mais com a ira de Deus, não com a cura". Mas, na verdade, a verdadeira cura começa com a dor. Assim, o primeiro passo para a disciplina bíblica ou correção de rumo é definir a dor.

Precisamos da ajuda de Deus nessa parte, porque cada criança age de modo diferente, e a dor para uma é diferente da dor para outra. Em geral, porém, nós adotamos um *modelo para educar os filhos* e dizemos: "Em nossa casa não espancamos ninguém", ou "Em nossa casa espancamos sempre", ou "Em nossa casa deixamos as crianças de castigo", e assim por diante. Mas eu o encorajo a meditar em Provérbios 22.6, que nos exorta: "Ensina a criança *no caminho em que deve andar*" (RA). Se você levar em conta a personalidade e a formação interior de seu filho e o modo como ele reage a você e às circunstâncias, poderá identificar o que significa dor para ele. Se preferir, adote um modelo de disciplina *específico à criança*.

Por exemplo, quando minha filha era pequena, se eu lhe desse um tapa no traseiro, ela se virava para mim (lembre-se, é a mesma que me disse que eu era a terceira pessoa da lista para lhe dar ordens) e dizia: "Não doeu, mamãe". Talvez você tenha um filho ou uma filha assim! Eu teria de machucá-la, literalmente, para que ela não precisasse sofrer no futuro, porque sua determinação era mais forte que a dor física. Então, em essência, a dor física era contraproducente.

Meu filho, no entanto, era diferente. Se eu apenas lhe mostrasse uma colher de pau ou dissesse que lhe daria uma surra, aquilo já servia para corrigi-lo. Um olhar ou tom de voz firme lhe doía muito mais, na maioria das vezes, quando ele era pequeno. Por outro lado, minha filha detestava ficar de castigo, porque estaria longe da agitação. Se eu pusesse meu filho de castigo no quarto, ele pensaria: "Legal, vou ficar sozinho... maravilha". O castigo não significava *dor* para ele, mas para minha filha, sim. Claro que, à medida que eles cresciam, sempre avaliávamos o que era doloroso. Conforme foram tendo mais liberdade, também precisamos descobrir outras formas de impor algum castigo planejado especialmente para eles!

Tive de decidir que, em vez de adotar um estilo para ser mãe, eu precisava criar um estilo específico para cada filho. Precisava desenvolver um programa para cada um deles com a ajuda de Deus, a fim de fazer o melhor, levando em conta como estavam sendo criados. Pense um pouco: é assim que Deus lida conosco. Deus não fica sentado no céu e diz: "Atenção, milhões e bilhões de pessoas: este é o caminho que determinei caso vocês me desobedeçam", como se fôssemos um rebanho andando a esmo pela vida.

Em vez disso, ele elabora experiências de vida específicas, provações específicas e ambientes de muito amor para cada um de nós individualmente. Como ele faz isso? Bom, fico deslumbrada com seu modo de agir. Sou grata porque ele cria um caminho para *mim* com muito zelo e amor, porque se preocupa com *minha* cura. Porém, por mais maravilhoso que isso pareça, não chegamos a lugar nenhum sem dor — precisamos sentir dor.

Segunda etapa: fortaleça-os com amor
Se a primeira etapa da correção de rumo bíblica é a dor, apesar de sabermos que a colheita chega quando passamos da fase do mero castigo, precisamos prosseguir na leitura para ver quais

DISCIPLINA QUE CURA 127

são as peças redentoras apresentadas na passagem de Hebreus 12. A segunda etapa origina-se do versículo 12: "Portanto, fortaleçam as mãos enfraquecidas e os joelhos vacilantes". Pense nessas palavras por um minuto. Elas retratam braços e pernas que foram quebrados. As partes do corpo que nos permitem nos movimentar produtivamente se tornaram imprestáveis.

A primeira etapa do sofrimento quebra a determinação da criança, forçando-a ser submissa. Essa etapa é necessária, mas será destrutiva se a criança entrar em estado de abatimento. Por isso, na segunda etapa fortalecemos o que quebramos. Na correção de rumo, imediatamente após termos infligido dor devemos levar restauração àquela criança, com amor, ânimo e encorajamento. É importante notar que a pessoa que inflige dor deve ser também aquela que leva amor e encorajamento.

Analise como isso ocorre. Depois que você disciplinou seu filho com a dose apropriada de dor, seja ela qual for, a criança necessita imediatamente de um momento de contato com você, olhos nos olhos. Eu me ajoelhava para ficar na altura de meus filhos, a fim de que soubessem que estava atenta. Colocava-os no colo quando eram pequenos, mas, agora que meu filho é adolescente, sento-me com ele e faço questão de que ele saiba que existe uma conexão entre nós. Isso exige esforço e prática. Precisamos aprender a arte de falar com nossos filhos em vez de dar-lhes um sermão. Há necessidade de um diálogo, não apenas de um monólogo no qual dominamos a conversa.

Eu dizia: "Amo você", porque, depois de ter cometido um erro ou um pecado, as crianças necessitam ouvir essas palavras. "Sei que não deve estar feliz comigo agora, mas estou disciplinando você porque o amo." E, mesmo que não concordassem ou que revirassem os olhos (o que faziam às vezes!), eles precisavam ouvir essas palavras de mim.

Em seguida, eles necessitavam de carinho. Eu abraçava meus filhos, mesmo que não retribuíssem o abraço no momento. Tocava-lhes no ombro ou na perna — o toque físico servia para dizer-lhes que eu não estava me esquivando deles.

Finalmente, dizia palavras de encorajamento. Mencionava uma qualidade que apreciava neles, como humildade ou disposição para ouvir. Dizia que na próxima vez eles seriam capazes de tomar uma decisão melhor, com a ajuda de Deus.

Esse encorajamento dá esperança a nossos filhos, e sem ele o inimigo mentirá para eles e os convencerá de que *nunca vão mudar*. Quando lhes transmitimos esperança, estamos dizendo que acreditamos neles. É comum dizermos estas palavras no momento de castigar nossos filhos: "Você *sempre* age assim", ou "Não aguento mais ver você *continuar* a fazer escolhas erradas", ou "Você *nunca* vai mudar".

Há outras frases que dizemos às vezes em momentos de raiva que desencorajam as crianças e impedem que sejam fortalecidas. Por exemplo, sobrecarregamos nossos filhos com responsabilidade muito maior pelo ato cometido do que as consequências naturais que eles teriam de enfrentar. Dizemos palavras como "Você tem ideia do estresse que está impondo a seu pai e a mim?", ou "Nós discutimos o tempo todo porque você não se comporta bem", ou "Você não entende que está nos destruindo financeiramente?", ou "Se eu receber outro telefonema de sua professora, não terei mais coragem de sair de casa". Todas essas palavras dizem — de modo superficial, mas poderoso — que não acreditamos neles e que não vão mudar. O encorajamento, por sua vez, diz: "Eu acredito em você. Acredito que é capaz de agir de modo diferente".

Terceira etapa: faça um caminho reto e plano

A terceira etapa do plano de Deus para a correção de rumo encontra-se em Hebreus 12.13: "'Façam caminhos retos para os seus pés', para que o manco não se desvie, antes, seja curado". Fazer um caminho reto para os pés de nossos filhos significa, simplesmente, traçar um novo rumo para eles. Nessa etapa lhes ensinamos o que significa mudar e os ajudamos a reconhecer que necessitarão do auxílio de Deus para fazer isso. Fazer um caminho reto é dizer-lhes que você tem uma ideia de como poderão agir de modo diferente caso a experiência surja novamente, e ensiná-los a fazer isso. É nesse ponto que Deus pode usar nossa sabedoria adquirida com os erros. Abrimo-nos com nossos filhos sinceramente.

Veja este exemplo: uma amiga minha estava com dificuldade de fazer seu filho de 5 anos lhe obedecer. Sempre que ela o chamava quando ele estava brincando ou lhe pedia que arrumasse o quarto, tinha de pedir dez vezes até ele obedecer com relutância. Nós, os pais, lidamos muito com situações semelhantes. Minha amiga queria usar a correção de rumo bíblica, porque quase sempre gritava exasperada na décima vez. Decidiu, então, que a "dor" seria tirar-lhe o privilégio de ver televisão, de brincar com os amigos ou com seu brinquedo favorito. Demorou um tempo para pensar no que seria extremamente doloroso (mas não prejudicial) para seu único filho.

Depois, chegou a hora de fortalecê-lo, isto é, animá-lo com amor. Ela sentou-se com ele e disse: "Sei que é frustrante ficar trancado em casa. O dia está tão bonito e você deve estar querendo ficar com seus amigos ou brincar com seus brinquedos. Vejo que está infeliz". Ela reconheceu a situação do filho e, ao fazer isso, expressou os sentimentos dele.

A mãe prosseguiu: "Mas eu amo você, e não estou fazendo isso para magoá-lo, mas porque o amo e quero que você seja capaz de dizer 'Sim, mamãe' na primeira vez. E quero que tenha um coração obediente". E disse enquanto o abraçava: "Creio que Deus o ajudará a agir melhor na próxima vez. Vamos pedir a ele em oração. Na próxima vez que eu lhe pedir alguma coisa, quero que diga 'Sim, mamãe' na primeira vez, e vamos comemorar. Sei que você é capaz de fazer isso. Vamos treinar um pouco". Em seguida, deu-lhe a oportunidade de dizer aquelas palavras, e ambos comemoraram. Aquela mãe fez um caminho reto para o filho.

Estas são, portanto, as três etapas: infligimos dor a eles, os fortalecemos com amor e lhes mostramos o caminho reto. Precisamos ser firmes nisso, porque as crianças conseguem nos deixar exaustos. Elas nos deixam fatigados, cansados, exaurem nossas forças! É horrível. Por isso, é muito importante começar o processo dizendo: "Vou criar meus filhos como Deus deseja, porque creio que haverá uma colheita".

A colheita

A parte final da jornada de disciplina é que, mais tarde, esse caminho corretivo produzirá *uma colheita de retidão e paz*. É a parte do belo desfecho. Se existe algo que desejo para meus filhos é que sejam retos e tenham paz. O que poderia ser melhor? Imagine-se

130 Espiritualidade em família

deitado na cama à noite, dizendo: "Meu filho tem uma vida reta diante de Deus e está em paz". O que mais você haveria de desejar? Quando vivemos num mundo no qual o povo se encontra em agitação constante (nunca houve tantas pessoas se automedicando em razão de toda sorte de ansiedade) e no qual a retidão é a exceção em vez de ser a norma, mesmo entre os seguidores de Cristo, o que de melhor poderíamos fazer a não ser criar um ambiente onde Deus possa trabalhar na vida de nossos filhos nesse caminho de correção de rumo?

Tenha em mente que o fruto de retidão e paz se destina àqueles *que foram instruídos para isso*. Então, esse não é um evento único — o que explica por que é tão exaustivo criar filhos. Um dia, sentimo-nos grandemente vitoriosos, e no outro tudo está revirado. Porém, como pais cheios do Espírito, não podemos desistir! Estou sempre aconselhando pais que desistiram de tudo. Seus filhos são rebeldes e descontrolados, não existe disciplina na casa, não há um caminho para eles seguirem. Resultado: os filhos são inseguros e carecem de retidão e paz. Sabemos se uma criança foi instruída ou não pela correção de rumo só de olhar para ela. E sabemos também se os pais dela desistiram ou não.

Então, não desista. Trata-se de um *processo de treinamento*. O treinamento para qualquer esporte exige tempo, esforço e energia — e repetições e mais repetições. Com o tempo, você fortalece aquele músculo. Não sei se você está tendo sucesso nessa missão nem em que ponto se encontra, mas, se não desistiu, quero parabenizá-lo! O fato em si é elogiável. É muito importante que permaneça firme e focado no objetivo — a paz e a retidão futuras de seus filhos estão em jogo.

Esse ambiente é de muita importância porque produz dois elementos vitais: retidão e paz. A retidão e a paz formam o alicerce para nossos filhos ouvirem a voz de Deus, conhecê-lo e obedecer-lhe. Contudo, é necessária uma tremenda quantidade de amor para sustentar esse ambiente. Podemos fazer isso só com nossa força? Não. Precisamos confiar no Espírito de Deus para nos ensinar a ser pais. Não sei dizer quantas vezes clamei ao Senhor: "Ensina-me como ser mãe para minha filha; ensina-me como ser mãe para meu filho". E ele me foi fiel todas as vezes!

Uma história de correção de rumo

Minha filha adora surfar. Quando tinha 16 anos, foi a uma loja de artigos de surfe para vender sua prancha em consignação, a fim de adquirir uma mais moderna. Um dos vendedores começou a conversar com ela sobre uma prancha personalizada e detalhou os modelos mais intricados. Minha filha começou a empolgar-se. O vendedor disse: "Eu tenho condições de vendê-la a você a preço de custo, por isso me diga como gostaria que ela fosse". Ele não mencionou o preço nem uma vez, e aparentemente ela não perguntou. Uma vez que já possuía uma prancha, ele a colocou em consignação para pagar uma parte da nova, mencionando que o saldo seria bem pequeno.

Nas semanas que se passaram, a prancha foi sendo construída e a conta, ficando cada vez mais alta. Minha filha não mencionou o assunto com o pai nem comigo. Um dia, enquanto ela e eu estávamos fazendo as unhas, notei um olhar de terror no rosto dela quando o celular tocou. Houve um diálogo estranho, e ela desligou.

— Quem era? — perguntei.

Ela caiu em prantos. Contou-me que o vendedor da loja a estava atormentando todos os dias porque ela lhe devia um bom dinheiro pela prancha que encomendara. Perguntei:

— O que você quer dizer com "encomendar uma prancha"?

Ela contou-me a história inteira.

— Quanto você lhe deve? — eu quis saber.

Ela olhou para o chão e respondeu:

— Bom... eu... hã... devo mil dólares a ele.

O quê! Mil dólares? Como podia ser? Ela trabalhava num emprego durante dez horas por semana e ganhava o salário mínimo. Fiz os cálculos, pensando no número de *anos* que levaríamos para "curar" aquele erro.

Orei, naquele momento, para que Deus conduzisse minhas palavras e, graças a ele, tivemos uma conversa muito positiva. Foi um lembrete comovente do que acontece quando cometemos um erro. Temos duas opções, tanto em relação a nossos pais como em relação a Deus: podemos correr para os braços de nosso pai ou nossa mãe e confessar tudo ou podemos nos esconder. E a maneira como reagimos a nossos filhos determina se eles correrão para

132 ESPIRITUALIDADE EM FAMÍLIA

nossos braços porque sabem que os ajudaremos a receber cura ou se vão se esconder de vergonha e culpa.

Chocado e horrorizado

Um dos motivos pelos quais nossos filhos se escondem é o que eu chamo de "síndrome de choque e horror". Quando eles dizem ou fazem algo e dizemos: "Você O QUÊ?!!!", demonstramos estar chocados e horrorizados. Essa síndrome faz a criança internalizar o sentimento de que ela fez algo vergonhoso, algo tão chocante que deve ser um pecado abominável. Produz nela a tendência de se esconder.

As crianças aprendem desde cedo que qualquer pecado traz desaprovação, então elas o escondem. O resultado é que a criança não lida com o pecado nem o corrige; simplesmente "guarda-o". E o perigo é que temos a tendência de transportar esse hábito para nosso relacionamento com Deus, por isso esse ambiente é muito importante. Quando nossos filhos veem nossa reação diante do pecado, a mente deles transfere nosso exemplo ao que Deus deve estar pensando ou sentindo. Seja o que for que eles façam ou digam, queremos essencialmente que corram a nós — *diretamente a nós* — para que possamos ajudá-los e restaurá-los.

Minha filha estava se escondendo, e sei que ela presenciou meus momentos de choque e horror quando era pequena, infelizmente por motivos insignificantes. Mas ela escondeu aquele fato até o dia em que não foi mais possível. Minha vontade foi a de reagir com choque e horror, mas havia aprendido a fazer uma pausa — porque pais cheios do Espírito fazem uma pausa para orar. Comentei que, de fato, era muito dinheiro e perguntei como ela planejava pagar. Ao vê-la em prantos, percebi rapidamente que não havia nenhum plano. Então, juntas, começamos a traçar um plano.

Consequências naturais

Às vezes, na correção de rumo, a dor é óbvia. A dor é a consequência natural. Gosto muito quando a dor é a consequência natural, porque não preciso ter uma ideia brilhante que pareça totalmente desvinculada do assunto. No caso de minha filha, a dor natural foi que ela não pôde surfar na prancha até seu pai e eu quitarmos a despesa. A segunda dor natural foi que ela teve de nos reembolsar. Assim, ela precisou arrumar outro emprego e, entre um emprego e outro, eu recebi três quartos de todo o seu ganho. Essa é a dor natural. Semana após semana, ela foi sendo treinada pela dor natural.

Enquanto a *dor* persistia, sentamos com ela e dissemos que a amávamos muito, *para fortalecê-la em amor*. Dissemos que entendíamos o que havia acontecido e que a ajudaríamos a atravessar aquela fase. Encorajamos nossa filha. Depois, marcamos os dias no calendário até a dívida ser completamente quitada.

A seguir, decidimos dar-lhe um *caminho reto*. Dissemos que, na próxima vez que fosse tentada a comprar alguma coisa, antes de tudo ela deveria perguntar o preço. E mais, nós a instruímos a conversar sempre com o pai ou comigo. Afirmamos que todos nós cometemos erros e que aquela foi uma ótima oportunidade de aprendizado.

Em última análise, Deus usou aquela situação para ensinar minha filha a conduzir-se na vida. Antes daquele evento, ela não sabia lidar com dinheiro — nem um pouco. Mesmo agora que está na faculdade, vejo que ela guarda seu dinheiro em envelopes e vive com menos do que ganha a fim de ser generosa com os outros! Tenho muito orgulho dela e sou muito grata a Deus. Ele trouxe cura à vida dela numa área que afetará muitas decisões importantes nos anos vindouros.

Tempo de celebrar

Um dia, ela finalmente liquidou sua dívida conosco, e foi quando a comemoração chegou. Saímos com a prancha. Demos gritos de alegria e surfamos nela pela primeira vez. A prancha era dela — paga com o dinheiro dela. Era seu último ano na faculdade, então decidimos tirar fotos dela com a prancha! Esperamos que nossa filha olhe sempre para aquelas fotos e lembre-se de seu processo de cura.

Aquela prancha de surfe tornou-se um ícone para a cura financeira na vida de minha filha. Foi desenhado um símbolo da paz na prancha, que, ironicamente, é a promessa de Deus aos que foram curados. Quando olho para a prancha, penso: "Meu Deus, tu és tão bom", porque sei que muitos de nós lutamos com as finanças e temos o hábito de gastar dinheiro na fase adulta da

134 Espiritualidade em família

vida. Ao fazer uma retrospectiva, a situação poderia ter sido muito diferente. Se tivéssemos reagido com o castigo da ira de Deus, dizendo que ela jamais teria aquela prancha e a fizéssemos sentir-se envergonhada, não teríamos chegado à raiz do problema. E a raiz do problema foi que os olhos dela eram maiores que seus ganhos e ela queria gratificação instantânea.

Hoje, enquanto você ouve Deus a respeito dos problemas no coração de seus filhos, aceite a sabedoria de Hebreus 12.11-13. Escolha uma disciplina específica para seu filho, fortaleça-o com amor e afirmação e estabeleça um caminho reto para ele. Quando fizer essas coisas, verá o fruto da retidão e da paz. Não acontece da noite para o dia, mas, se você instruir seus filhos nesse ambiente, Deus será fiel para trazer cura à alma deles.

A correção de rumo é um modo amoroso e respeitoso — e produtivo — de lidar com os erros de nossos filhos. Alguns pais se esquecem de que a maneira como corrigimos esse rumo é importante para que nossos filhos tenham bom comportamento. Agir com amor e respeito quando eles se comportam de modo errado representa, de fato, as melhores intenções de nosso Pai celestial. O amor e o respeito são ambientes importantíssimos que precisamos proporcionar a nossos filhos, seja qual for o comportamento deles ou a circunstância.

10

NA ALTURA DOS OLHOS

O ambiente de amor e respeito

Quero viver de tal forma que não perca de vista o que é importante nem deixe de perceber o que existe de sagrado nos outros. Quero viver de tal forma que eu seja capaz de ver as janelas da alma.

KEN GIRE[1]

Nada mais importa

Amor e respeito. Essas palavras representam dois de nossos maiores desejos. Existe algo mais inerente aos seres humanos? Duvido.

Quando recostamos na cadeira e pensamos por longo tempo em nossa missão de pais, podemos resumir tudo dizendo que devemos amar nossos filhos. Amá-los como Cristo os amaria se fosse pai ou mãe deles. Que ordem bombástica! Em 1Coríntios 13, Paulo aprofunda-se na questão quando descreve a profusão de coisas gloriosas que podemos realizar na vida, mas adverte que, se tudo não for feito com amor, não conseguiremos nada... E, em alguns casos, serão piores que nada — serão prejudiciais.

O amor é primordial, e o respeito também tem uma importância extraordinária, porque é crucial em relação a *como* amamos. Provavelmente, um dos erros mais sutis que cometemos inadvertidamente como pais é usar a culpa e a vergonha para controlar nossos filhos. Infelizmente, as consequências de usar a culpa e a vergonha poderão enraizar-se de modo permanente na alma de nossos filhos. Com certeza. Aqueles que foram criados com culpa e vergonha, por menor que tenha sido a dose, carregam as cicatrizes a vida inteira.

136 Espiritualidade em família

Evidentemente, nenhum de nós é pai perfeito ou mãe perfeita, e haverá ocasiões em que fracassaremos nessa área, embora Deus use nossa própria deficiência para nos lembrar de nossa necessidade de redenção e liberdade por meio de Cristo. E, a propósito, queremos também transmitir o legado da redenção e liberdade a nossos filhos!

À imagem de Deus

Como seria se começássemos a pensar e a agir de modo diferente hoje? Como seria se tratássemos nossos filhos com amor e respeito de tal forma que honrasse a imagem de Deus que ele gravou neles? Pense um pouco: como você trataria Cristo se ele estivesse em seu meio? Ele é Deus, claro, e seria reverenciado como santo. No entanto, pensar que a imagem de Deus está gravada em todas as pessoas que ele criou é um assunto muito sério.

Esse pensamento me leva a analisar tudo que diz respeito a como trato meus filhos. Como devo discipliná-los sem deixar de demonstrar amor e respeito por eles? Como os exaltar, ouvir o que dizem e mostrar amor e respeito? Amor e respeito são dádivas que podemos oferecer a nossos filhos. Proporcionam-lhes senso de responsabilidade, confiança, segurança e estabilidade. Nossos filhos necessitam de todas essas coisas para ter uma vida produtiva e espiritualmente saudável.

O que o amor tem a ver com isso?

Às vezes eu me pergunto se sei realmente o que significa amar alguém. Penso que sim. Digo que sim. Porém, o critério para amar o próximo é radicalmente alto. Afinal, Jesus disse: "Ninguém tem maior amor do que aquele que dá a sua vida pelos seus amigos" (Jo 15.13). Certamente, diríamos que amamos nossos filhos. Sabemos que eles são presentes de Deus. A maioria de nós ofereceria a vida para salvar os filhos, sem hesitação, se o momento assim exigisse.

Sacrificamo-nos por eles todos os dias em termos financeiros, físicos e emocionais. Queremos o melhor para eles, por isso suportamos todos aqueles anos da infância e adolescência em que os outros não se interessam nem um pouco por nossa prole. Mas, afinal, isso *basta* para eles saberem que são amados? Serão criados num ambiente de amor que, em última análise, lhes dará a capacidade de amar a Deus e ao próximo?

Aprendemos na passagem de 1Coríntios 13 que o amor é paciente, bondoso, não procura seus interesses nem é invejoso. O amor suporta, espera e confia. Pare por um instante e pergunte a si mesmo: "Quais desses aspectos do amor estou pondo em prática todos os dias com meus filhos? Quais são os mais difíceis para mim?". Esse amor é o amor com que Deus me ama. Quero amar meus filhos *assim*. É claro que sou falha, o que me leva a ser ainda mais grata pela graça de Deus e por minha dependência do Espírito Santo. Preciso da ajuda dele para amar ainda mais meus filhos dessa forma extraordinária.

Jesus disse que este é o maior de todos os mandamentos: "'Ame o Senhor, o seu Deus, de todo o seu coração, de toda a sua alma, de todo o seu entendimento e de todas as suas forças'. O segundo é este: 'Ame o seu próximo como a si mesmo'. Não existe mandamento maior do que estes" (Mc 12.30-31).

João nos diz: "Nós amamos porque ele nos amou primeiro" (1Jo 4.19). Portanto, para que nossos filhos amem a Deus e ao próximo, eles precisam experimentar o amor. O amor verdadeiro. O amor genuíno. O amor criado pelo próprio Deus.

O amor do tipo divino

Cometo um erro quando penso "É claro que amo meus filhos" e não levo em conta o custo que esse amor requer de mim. Para conseguir isso, é necessário que eu peça a Deus todos os dias que me ajude a amar meus filhos como ele os amaria se fosse o pai terreno deles. Uau!

Lembro-me da primeira vez que carreguei minha filha e meu filho no colo. Fomos envolvidos por um elo instantâneo de amor. Naquele momento, eu sabia que faria tudo por meus bebês. Eles eram totalmente indefesos e puros. Nunca me ocorreu pedir a Deus que *me ajudasse* a amá-los. Simplesmente pensei que os amaria. Só comecei a orar seriamente quando eles cresceram e me dei conta da enorme responsabilidade que pesava sobre mim: moldar o coração deles com amor verdadeiro ou com amor falso, um sentimento que parece amor, mas não oferece tudo aquilo que Deus planejou.

Temos a tendência de pensar que amor sacrificial é correr em ritmo frenético para levar nossos filhos a todos os eventos esportivos, gastar rios de dinheiro com roupas novas e brinquedos

138 ESPIRITUALIDADE EM FAMÍLIA

modernos ou controlar cada detalhe da vida deles para que não cometam erros. Em outros lares, existem até formas mais disfuncionais do amor falso, como agressões verbais, manipulação, culpa e um jeito de tratar as crianças como se tivessem nossa idade. São tipos falsos de amor, pois são ditados por nossos interesses, não pelo sistema de valores de Deus.

Muitos de nós fomos criados por pais que nos ofereceram amor autêntico. A palavra grega para esse amor é *ágape*, um amor incondicional, ativo, que não procura os próprios interesses. Esse tipo de amor é divino. Há outras pessoas que foram criadas em lares nos quais ouviram que eram amadas, mas, na verdade, foram negligenciadas. Esse tipo de comportamento dos pais nos confunde na infância — ouvir uma coisa e experimentar outra.

Há ainda aquelas pessoas que, por amor aos pais (que não foram capazes de proporcionar o amor ágape na ocasião), tiveram de se tornar cuidadoras. Finalmente, algumas foram criadas em lares nos quais a palavra amor era raramente, ou nunca, pronunciada. Elas sabiam que o amor estava presente (ou não), mas a diferença teria sido enorme se a palavra em si tivesse sido pronunciada.

As feridas de carência de amor na infância são profundas, tão profundas que as passaremos inadvertidamente de geração a geração se não formos diligentes em nos desfazer da herança que recebemos. Precisamos avaliá-la e permitir que Deus crie um futuro diferente por nosso intermédio.

Reflita por um momento no amor de seu lar de origem. Quer você tenha crescido num lar cheio de amor, quer não, pode experimentar o amor de Deus e aprender com ele. Pode receber o amor que Deus deseja que você ofereça a seus filhos.

Um homem chamado Ron Van Groningen

Conheço um homem chamado Ron Van Groningen. A história dele talvez não seja muito diferente da sua ou de quem você conhece, mas ela me ensinou que o amor pode ser transmitido de geração a geração.

Quando Ron era menino, no início da década de 1940, o pai dele partiu para a guerra, como acontecia com muitos pais naquela época. A mãe ficou sozinha durante a Depressão e precisou cuidar dele e de seu irmãozinho com o escasso dinheiro que conseguia ganhar. Ron tinha problemas de saúde, por isso sua mãe precisava fazer o melhor para sobreviver.

Quando o pai de Ron voltou da guerra, o mundo lhe parecia ser um lugar diferente. Ele teve dificuldade de se reajustar à vida no lar, como marido e pai, sem os recursos de que os soldados de hoje dispõem. Aquela jovem família necessitava desesperadamente de seu amor e atenção, mas não recebeu nada. Ron nunca ouviu as palavras "Eu amo você, filho" da boca do pai.

Rapidamente as pressões de tentar reingressar num mundo esquecido se tornaram pesadas demais, então o pai de Ron procurou consolo nos braços de outra mulher e saiu de casa. O estigma de ser divorciada durante o início da década de 1950 foi cruel para a mãe de Ron, e o impacto de viver sem o pai criou marcas profundas no coração dos dois irmãos ao longo dos anos.

Sem o amor do pai?

A mãe de Ron teve de procurar outros empregos avulsos e encontrar trabalho, apesar de ser uma mulher que não tinha nem o diploma do ensino médio. Enquanto os outros meninos se dirigiam de ônibus ao campo de beisebol, Ron permanecia sentado na varanda vendo-os passar, sem poder acompanhá-los porque não tinha dinheiro sequer para comprar uma luva de beisebol.

Quando a adolescência chegou, não havia um pai por perto para mostrar a Ron como lidar com as questões de imagem, namoro, hormônios e trabalho. Ainda assim, o que mais lhe machucava era não entender como um pai era capaz de não amar o próprio filho.

Depois de completar 18 anos, Ron graduou-se no ensino médio e ingressou na Força Aérea sem ter ninguém que o ajudasse a entrar no mundo da maturidade sem o amor e o apoio de um pai. Casou-se jovem e matriculou-se na faculdade de medicina. Trabalhava em dois empregos para sustentar sozinho sua família: a esposa e duas filhas pequenas.

As estatísticas diriam que Ron teria muita dificuldade em amar a esposa e as filhas, e mais dificuldade ainda em amar outras pessoas. Havia, porém, uma diferença na vida de Ron que não permitiu que as estatísticas dessem as cartas. Ele havia conhecido o amor.

Na infância, Ron descobriu que Deus o amava e escolheu entregar a vida a Cristo. Deus proporcionou-lhe as circunstâncias,

140 Espiritualidade em família

uma esposa, um trabalho, estudo, provisão e amor, moldando-o a cada passo do caminho, na maioria das vezes sem que percebesse. Ron experimentou verdadeiramente o ágape de Deus.

Redimido pelo amor

Enquanto criava as duas filhas, não houve um dia sequer que ele não derramasse palavras de afirmação e amor sobre elas. A frase "eu amo você" era usada generosamente e sem reservas. Ele demonstrou amor à esposa e foi exemplo do que significa ser um marido e pai em todos os sentidos.

Em tempos de lágrimas, lá estava ele para amparar quem chorava, dizendo palavras de encorajamento acompanhadas de abraços carinhosos. Nas noites assustadoras de raios e trovões, contava histórias até o sono tranquilo voltar. Quando alguém cometia erros, oferecia doses imensas de graça e perdão.

Ron está casado há mais de cinquenta anos. As filhas adultas, a esposa e os netos caracterizam-no como um homem que ama. Ele ama porque foi amado pelo pai em sua família de origem? Não. Desejaria ter sido amado? Sim. Deus, no entanto, fez o impossível e transformou em pai um homem sem pai. E faz isso todos os dias. Deus redime o que estava perdido.

Amo a história de Ron Van Groningen porque se trata de uma história de redenção e do maravilhoso amor interveniente de Deus. Mas, acima de tudo, amo sua história porque esse homem é meu pai. Eu recebi essa dádiva incrível de amor e sei que Deus pode usar um passado, seja ele qual for, para oferecer amor a nossos filhos e aos filhos de nossos filhos.

Amor e aceitação

Quando oferecemos esse tipo de amor a nossos filhos, precisamos ser diligentes para amar como ele ama. Temos a responsabilidade de ensiná-los a viver usando *essa forma* de amor. O treinamento é difícil, porque a própria natureza da correção de rumo leva a uma sensação de negatividade.

Detesto disciplinar meus filhos. Sinto-me frustrada, e eles se sentem frustrados. Eu me zango, e eles se zangam. Eu me exaspero, e eles se exasperam. É difícil sentir-se ótimo no processo da disciplina. Em meio a esse treinamento, é perigoso confundirmos duas coisas que jamais deveriam ser mal interpretadas. Não devemos confundir *amar uma pessoa* com *aceitar um comportamento*. Podemos transmitir a ideia de que rejeitamos um comportamento sem transmitir a ideia de que rejeitamos a pessoa. Quando o comportamento é inaceitável, nossas palavras precisam ser claras: rejeitamos a escolha e a ação, mas amamos a pessoa.

Nossos filhos se comportarão mal, pecarão e farão escolhas erradas. É fato! Todos nós sabemos disso e, no entanto, por que nos surpreendemos quando acontece? Para mim, é fácil simplesmente negar amor quando eles erram, porque não considero aceitável o comportamento deles. Posso não dizer verbalmente que estou negando amor, mas minhas ações o dizem em voz alta.

Recebendo o que merecemos

Um dia, depois de uma batalha dolorosa entre minha filha pré-adolescente e eu por inflexibilidade de ambas as partes, ela correu para seu quarto gritando que gostaria de morar em outro lugar. Àquela altura, eu posso ter concordado com ela — apenas por um instante. Percebi, porém, que minha filha necessitava de amor naquele exato momento mais do que necessitava ir para seu quarto e pensar no que havia feito e dito.

Minha natureza humana queria que ela permanecesse no quarto até arrepender-se do que havia feito e estar pronta para desculpar-se comigo. Queria que ela sentisse a separação de nosso relacionamento e "meditasse" por um tempo. Afinal, ela merecia sentir-se mal, certo?

Ouvi, então, uma voz interna carinhosa lembrando-me das palavras de Romanos 5.8: "Mas Deus demonstra seu amor por nós: Cristo morreu em nosso favor quando *ainda éramos pecadores*". Foi como se uma tonelada de tijolos tivesse caído sobre mim! As palavras "quando ainda éramos pecadores" ressoaram em minha mente enquanto eu discutia com Deus sobre o que fazer.

Então, abri lentamente a porta do quarto de minha filha e entrei. Ela estava sentada na cama chorando e gritou:

— O que *você* está fazendo aqui?

Recuei, pensando que ela não merecia meu amor naquele momento. Mas Deus continuou a dar-me as coordenadas.

142   Espiritualidade em família

— Estou aqui — respondi — porque a amo e quero estar com você, ainda que você tenha tomado uma péssima decisão e esteja zangada comigo.

Ela se surpreendeu.

— Como você quer estar comigo neste momento, se nem eu mesma quero estar comigo? — perguntou, entre lágrimas.

Sentei-me ao lado dela e abracei-a. Disse-lhe que, embora suas ações não fossem aceitáveis, ela era muito amada e eu sempre desejaria sua presença em minha vida — em qualquer circunstância!

Amor e arrependimento

Ela se desculpou e pediu perdão. Lembrei-me de Romanos 2.4: "Ou será que você despreza as riquezas da sua bondade, tolerância e paciência, não reconhecendo que *a bondade de Deus o leva ao arrependimento?*". Há ocasiões em que precisamos repreender nossos filhos simplesmente porque eles merecem ser repreendidos. Precisamos mostrar bondade e amor quando eles estão certos de que estamos irados. Precisamos mostrar misericórdia, pois ela reflete o paradoxo absoluto de amar como Deus ama em vez de amar como o mundo ama.

Creio que um amor assim modela o coração da criança de modo que ela seja capaz de começar a compreender o amor incompreensível do Pai celestial. Quando forem mais velhas e o sofrimento e as consequências de seus pecados forem maiores, será que elas se esconderão em algum lugar secreto cheias de vergonha ou dirão: "Já sei. Voltarei para meu Pai, porque sei que ele me aceitará e me amará" e correrão direto para seus braços (Lc 15.17-20)? Quero que meus filhos corram para ele, não que corram dele. E você?

Ouvir com generosidade

Além de moldar nossos filhos de maneira profunda e pessoal, o amor é definido pela forma como o demonstramos. O respeito apresenta um contexto para esse amor: o respeito por nossos filhos. A princípio, essas palavras poderão parecer estranhas. Todos nós sabemos que os filhos devem respeitar os pais, mas o conceito de pais respeitando os filhos é muito estranho. Como vimos antes, porém, esse respeito por nossos filhos origina-se do entendimento profundo de que eles foram feitos à imagem de Deus. Uma forma prática de mostrar respeito por nossos filhos é ouvir o que eles têm a nos dizer.

Existe uma diferença entre ouvir e ouvir *atentamente*, certo? Porém, ainda mais importante, é ouvir *generosamente*. Ouvir seu cônjuge ou seus filhos com generosidade é uma dádiva que lhes oferecemos. Trata-se de uma forma de ouvir que presta atenção a eles e lhes faz perguntas esclarecedoras, como "O que você quis dizer com...?", ou "É isto mesmo que você está dizendo?", ou "Eu ouvi você dizer que... e quero que me esclareça".

Mostramos respeito ao olhar nos olhos de nossos filhos quando eles estão falando conosco. Eu já disse muitas vezes: "Olhe para mim quando eu estiver falando com você", mas não olho para meus filhos com a mesma intenção quando eles falam comigo. Será que olhei para meu filho e ouvi generosamente quando ele quis me mostrar o livro de *George, o curioso* pela enésima vez? Ou olhei para minha filha quando ela estava me contando sobre seu dia na escola? Prestei atenção ao que disseram? Ouvi generosamente?

Aprendendo com o exemplo de um pai
Presenciei um dos exemplos mais belos de criar nossos filhos com esse tipo de respeito quando tive o privilégio de observar Mike interagindo com seu filho.

Fomos com Mike e sua família, e também com outras famílias, às montanhas para ajudar a limpar o terreno para centenas de crianças que participariam do acampamento naquela temporada. A chuva havia castigado o local, e pinhas e folhas de pinheiros forravam o terreno de ponta a ponta. Aquela quantidade enorme de entulhos poderia causar grandes incêndios. Nosso trabalho, portanto, era rastelar, ajuntar e ensacar os resíduos da mata em grandes pilhas para que o trator os recolhesse e deixasse prontos para ser retirados.

Mike dirigiu o trator durante a maior parte do dia. Ele disse que estava trabalhando como servo, mas todos nós sabíamos que se sentia poderoso naquela máquina imensa. Com muito cuidado, ajuntou as folhas e as pinhas em pilhas enormes, aparentemente sem esforço, apenas manobrando os controles.

144 Espiritualidade em família

Na época, ele tinha um filho de 5 anos com distúrbio de desenvolvimento, que adorou ver o pai no trator — de longe. A certa altura, Mike parou de trabalhar e desceu do trator para descansar um pouco. Quando retornou, viu o filho perto do trator. Todos nós havíamos parado de trabalhar, esperando que o trator retirasse os entulhos empilhados. "Papai, dirija o trator", o filho gritou. "Dirija o trator, papai!" Mike empolgou-se ao ver o entusiasmo do filho. Subiu no trator e ligou o poderoso motor.

Olhos nos olhos

O filho de Mike ficou imediatamente aterrorizado pelo som alto que vinha do trator, e Mike viu que ele começou a gritar. Teria sido muito fácil para ele continuar a dirigir o trator, por saber que havia muitas pessoas aguardando, ou pedir à esposa que cuidasse da criança. Poderia ter pedido a qualquer um de nós que consolasse seu filho ou tomasse conta da situação.

No entanto, enquanto todos aguardavam, ele desligou o motor. Desceu do trator e aproximou-se do filho em prantos. Aquele homem enorme, de mais de 1,80 metro de altura, ajoelhou-se para ficar na altura dos olhos do filho. Fez contato visual e disse:

— Ei, amigão, você se assustou com aquele barulho?

O filho respondeu choramingando:

— Assustei.

— Ah, sinto muito — Mike disse. E prosseguiu: — Tenho uma ideia. Fique perto de sua mãe. Vou ligar o motor de novo. Vai fazer um barulhão, mas, se você quiser tapar os ouvidos com as mãos, tudo bem. Ou poderá afastar-se um pouco para que o barulho não seja tão alto. Depois vou dirigir o trator e vai ser muito legal. Vou recolher todas as pinhas e folhas e voltarei logo depois, está bem?

Mike subiu de novo no trator, vendo o filho tapar os ouvidos. Ligou o motor e partiu, enquanto seu filho o observava sorrindo até não conseguir ver mais o trator.

Impacto duradouro

Vi, maravilhada, aquela terna história acontecer. Talvez seja um exemplo simples para você, mas, quando penso nas tantas vezes em que escolhemos outras opções — e na facilidade que temos de justificá-las —, provavelmente não chegamos a entender a profundidade de amor e respeito que ocorreu naquele doce diálogo.

É verdade que todos nós estávamos aguardando, mas aguardamos por apenas sessenta segundos! Acredite em mim, *todos* nos dispusemos a aguardar sessenta segundos para aquele homem mostrar respeito ao filho. Nunca poderemos saber qual teria sido o impacto daquele momento se o pai tivesse lidado de outro modo com a situação. Não foi um momento terrível de vida ou morte — ele poderia ter agido de forma diferente, e nenhum de nós o teria julgado. Nenhum de nós pensaria mais no assunto, mas provavelmente o filho dele *pensaria*.

Alicerce robusto

Gosto muito de ver quando os pais se dispõem a abaixar-se para ficar na altura de seus filhos e olhar nos olhos deles com amor. Eles sabem que estão tendo uma conversa *com* outro ser humano, e isso é muito poderoso. E o benefício vem do fato de seus filhos sentirem que você os ama e os respeita.

Então, quando chegar a puberdade e começarem os anos da adolescência, você verá que cultivou um alicerce de amor e respeito que será fundamental para o relacionamento entre vocês quando ele for adulto. Lembra-se da lei de semear e colher? Se você semear amor e respeito em seu filho, a colheita será um adolescente que deseja mostrar-lhe amor e respeito. Não se trata de uma ciência, é claro. Não se pode dizer com precisão: "Se você fizer isto, eles farão o mesmo automaticamente". Porém, nas famílias que tenho observado cujos pais mostraram amor e respeito aos filhos, vejo que os filhos mais velhos retribuem esse mesmo amor e respeito aos pais.

John Westerhoff adverte-nos:

> Evidentemente, é mais fácil impor que ser exemplo, é mais fácil instruir que compartilhar, é mais fácil agir que interagir. É importante, contudo, lembrar que conviver com uma criança nos caminhos cristãos significa ter mais autocontrole que controle sobre os filhos. Para ser cristão é preciso perguntar: "O que eu posso levar a alguém?", e não: "O que eu quero que a pessoa saiba ou seja?". Significa estar disposto a aprender com a outra pessoa, até mesmo com uma criança.[2]

146 ESPIRITUALIDADE EM FAMÍLIA

Mostre primeiro

Devemos mostrar *primeiro* e esperar *depois*. Muitos pais reclamam para mim que seus filhos adolescentes são desrespeitosos, tentando impor respeito e exigi-lo dos próprios filhos que eles não respeitaram quando eram crianças.

Contudo, se você tem filhos mais velhos e não lhes ofereceu amor e respeito nos primeiros anos de vida, pode começar hoje. Sente-se com seu filho mais velho ou adolescente e tenha esta conversa com ele:

> Tenho pensado em nosso relacionamento nestes últimos anos. Nem sempre o tratei com respeito, e quero mudar isso. Deus colocou essa ideia em meu coração, e quero tratá-lo com o respeito que você merece porque foi criado por Deus e para a alegria dele.
>
> Gostaria que você me contasse o que tenho dito ou feito e que o faz sentir-se desrespeitado, porque quero mudar essa situação. Quero ser melhor nessas áreas. Se você não se lembrar de nada neste momento, e se eu o desrespeitar no futuro, gostaria que me dissesse isso respeitosamente.
>
> Mas você não está no controle e eu ainda sou seu pai (ou mãe), portanto poderá haver situações nas quais você se sentirá desrespeitado, porém essa não será a minha intenção. Vamos precisar ter uma conversa para esclarecer esse ponto. Você acha justo? Eu o amo, e quero amá-lo e respeitá-lo como Deus o ama e o respeita, para que eu reflita corretamente o amor dele em você.

Você poderá começar a criar um novo ambiente, estabelecer um novo caminho e mostrar a seus filhos o respeito que eles merecem. Mostre primeiro e espere depois.

O ambiente de amor e respeito exige mais de mim do que posso oferecer com minha forças. Portanto, necessito do Espírito de Deus. Somente ele pode me fazer amar meus filhos de tal forma que afirme sua imagem neles. Somente Deus pode me ajudar a transmitir seu amor, mostrar respeito na maneira como disciplino meus filhos, falar e ouvir o que eles têm a me dizer. Quando permito que Deus aja por meu intermédio, tenho a oportunidade de entender muito mais o amor que ele tem por mim e a graça que me estende simplesmente porque pertenço a ele. Esse entendimento profundo, muito mais profundo que apenas ter conhecimento *a respeito de* Deus, é algo que meus filhos e eu precisamos experimentar no ambiente do conhecimento.

11

UM RELACIONAMENTO VERDADEIRO

O ambiente do conhecimento

Conhecemos Deus à medida que desenvolvemos um relacionamento com ele. Deus nos chamou, e aceitamos seu convite. Ao longo do caminho, nós interagimos, dialogamos e mantemos comunhão. Alguns dias são repletos de entusiasmo e descobertas, ao passo que outros são serenos e contemplativos. Nosso relacionamento está longe de ser previsível, mas, à medida que "passamos a vida juntos", sentimo-nos vivos e encorajados por sua presença.

MICHAEL ANTHONY

Conhecer e ser conhecido
Quando eu era criança, minha mãe possuía esse dom pessoal de fazer-me sentir conhecida. Não apenas eu, mas qualquer um que tivesse a feliz oportunidade de relacionar-se com ela. Minha mãe me ouvia com infinita dedicação, fazendo questão de entender exatamente o que eu dizia. Conhecia os mínimos detalhes do que estava acontecendo em minha vida e deixava claro que era importante para ela. Hoje, como adulta, noto que ela dá esse tipo de atenção a todos que fazem parte de sua vida. É muito atenciosa com cada presente, cada cartão e cada palavra que oferece, e quem os recebe sente-se conhecido.

No fundo, todos nós queremos ser conhecidos e, mais ainda, ser amados como somos. A Palavra de Deus proclama que ninguém nos conhece mais que Deus — e ninguém nos ama mais que ele! O salmo 139 descreve como Deus nos conhece desde que fomos concebidos:

148 Espiritualidade em família

Senhor, tu me sondas e me conheces. Sabes quando me sento e quando me levanto; de longe percebes os meus pensamentos. Sabes muito bem quando trabalho e quando descanso; todos os meus caminhos são bem conhecidos por ti. Antes mesmo que a palavra me chegue à língua, tu já a conheces inteiramente, Senhor. Tu me cercas, por trás e pela frente, e pões a tua mão sobre mim. Tal conhecimento é maravilhoso demais e está além do meu alcance; é tão elevado que não o posso atingir. [...]

Tu criaste o íntimo do meu ser e me teceste no ventre de minha mãe. Eu te louvo porque me fizeste de modo especial e admirável. Tuas obras são maravilhosas! Digo isso com convicção. Meus ossos não estavam escondidos de ti quando em secreto fui formado e entretecido como nas profundezas da terra. Os teus olhos viram o meu embrião; todos os dias determinados para mim foram escritos no teu livro antes de qualquer deles existir.

Salmos 139.1-6,13-16

Em complemento, Jesus proclama bem alto o grande amor de Deus por nós:

Porque Deus tanto amou o mundo que deu o seu Filho Unigênito, para que todo o que nele crer não pereça, mas tenha a vida eterna. Pois Deus enviou o seu Filho ao mundo, não para condenar o mundo, mas para que este fosse salvo por meio dele.

João 3.16-17

O maior momento de definição

Jesus nunca cessou de contar histórias sobre o grande amor que o Pai tem por nós — por cada um de nós. Porém, Deus não parou por aí. Não é apenas um Deus todo-poderoso que conhece e ama sua criação; ele também escolheu *tornar-se conhecido* para nós. Que pensamento incrível! O Deus deste universo diz que podemos *conhecê-lo*. Este é o maior momento de definição de nossa vida inteira: quando passamos a conhecer Deus pessoalmente. É o momento no qual tudo muda.

Por certo, há aspectos a respeito de um Deus infinito que nossa mente finita não compreende — é por isso que ele é Deus. No entanto, a Bíblia menciona repetidas vezes que podemos conhecê-lo, compreender como ele é e entender seu caráter. Deus escolheu revelar-se de formas grandiosas e pequenas.

Dê uma olhada nestas afirmações da Bíblia:

- "*Saibam*, portanto, que o Senhor, o seu Deus, é Deus; ele é o Deus fiel, que mantém a aliança e a bondade por mil gerações daqueles que o amam e obedecem aos seus mandamentos" (Dt 7.9).
- "'Vocês são minhas testemunhas', declara o Senhor, 'e meu servo, a quem escolhi, para que vocês *saibam* e creiam em mim e entendam que eu sou Deus. Antes de mim nenhum deus se formou, nem haverá algum depois de mim'" (Is 43.10).
- "Peço que o Deus de nosso Senhor Jesus Cristo, o glorioso Pai, lhes dê espírito de sabedoria e de revelação, no pleno *conhecimento* dele" (Ef 1.17).

Cada uma dessas passagens afirma que Deus não apenas deseja fazer-se conhecido, mas também que não há nenhum outro Deus verdadeiro além dele para conhecermos.

Deus é real?

Lembro-me do dia em que minha filha chegou correndo em casa para me contar que nosso vizinho acabara de dizer a ela que não acreditava em Deus. Em prantos e soluçando, ela disse que o vizinho lhe perguntara: "Se Deus é real, por que você não pode vê-lo nem ouvir o que ele diz?". E zombou dela: "Você já o viu? Já ouviu a voz dele?".

Foi triste constatar que aquela dúvida havia sido colocada na mente de minha filha. Mais que isso, porém, senti por um momento a responsabilidade de *provar* que Deus existe e que ela *podia* vê-lo e ouvi-lo. Mas Deus lembrou-me, com carinho, de que cuidaria fielmente dessa tarefa e que minha responsabilidade era apenas colocar minha filha no ambiente em que ela pudesse sentir a presença dele da melhor forma possível.

Contraste com o mundo

O ambiente do conhecimento tem um contraste marcante com o que o mundo diz ser verdadeiro. O mundo diz que não há Deus e que, se há, ele é irrelevante. O mundo diz que não há nenhum Criador e nenhuma verdade absoluta. Como seguidores de Cristo,

150 Espiritualidade em família

dizemos: "Sim, há, e você pode conhecê-lo. Pode conhecer Deus, o Pai, por meio de seu filho Jesus no poder de seu Espírito". Há uma verdade absoluta, e a Palavra de Deus é a verdade. Ela excede todas as experiências e simulações.

Nesse ambiente, permanecemos firmes e confiantes em nosso relacionamento com Deus, por intermédio de Jesus, e confiantes de que sua Palavra é uma fonte fidedigna da verdade para transformar vidas. Ao longo da história registrada na Bíblia, Deus confirmou essa confiança ao orquestrar eventos, a fim de que o povo *soubesse* que só ele era Deus. A frase "para que vocês saibam que [somente] eu sou Deus" aparece mais de cem vezes em sua Palavra.

O Espírito Santo pode trabalhar no ambiente do conhecimento, porque nossos filhos estão nos observando para ver se dizemos uma coisa a respeito da Palavra de Deus e fazemos outra, ou se dizemos que devemos confiar plenamente em Deus, mas, quando somos postos à prova, entramos em pânico. Eu pergunto: recorremos aos recursos do mundo ou dobramos os joelhos e oramos? Recorremos à Palavra de Deus em busca de instrução ou escolhemos mais um livro de autoajuda? Quando você conhece uma pessoa e confia nela, recorre a ela. Podemos treinar nossos filhos a fazer isso. Para tanto, eles precisam saber quem é Deus pessoalmente, conforme revelado em sua Palavra e pelo Espírito Santo.

Descoberta natural

Moisés trata desse conceito em Deuteronômio 6, conhecido em hebraico como *Shemá*. É a primeira oração que a criança aprende no lar judeu e as palavras que ouve todas as noites na hora de dormir. Por meio de Moisés, Deus revela que o ensinamento da fé ocorre melhor no *curso natural da vida diária*, isto é, com exemplos vivos dos pais no dia a dia. No *Shemá*, Moisés diz:

> Ouça, ó Israel: O Senhor, o nosso Deus, é o único Senhor. Ame o Senhor, o seu Deus, de todo o seu coração, de toda a sua alma e de todas as suas forças. Que todas estas palavras que hoje lhe ordeno estejam em seu coração. Ensine-as com persistência a seus filhos. Converse sobre elas quando estiver sentado em casa, quando estiver andando pelo caminho, quando se deitar e quando se levantar.

Amarre-as como um sinal nos braços e prenda-as na testa. Escreva-as nos batentes das portas de sua casa e em seus portões.

Deuteronômio 6.4-9

Moisés encarrega os pais de *primeiro* amar a Deus com tudo que há dentro deles e *depois* transmitir essa fé estimulante aos filhos nos acontecimentos cotidianos da vida. Esse é o curso natural de nossa vida. Que absurdo seria se eu dissesse todas as manhãs a meus filhos: "Quero falar com vocês a respeito de Deus" e passasse alguns momentos com eles como se fosse uma escola bíblica dominical ou coisa parecida, mas reservasse aquela única ocasião do dia para falar-lhes de Deus!

Em vez disso, o *Shemá* diz que aprendemos melhor a conhecer Deus no curso natural da vida. Significa que o ensinamento a nossos filhos a respeito de quem é Deus não ocorre apenas no ambiente de contar histórias, quando nos sentamos com eles e dizemos: "Agora vou contar a vocês os grandes mistérios de Deus". Essa parte é importante, mas o curso natural da vida deles oferece o mais fértil de todos os solos para conhecerem a Deus pessoalmente. Cada oportunidade, cada hora que dedicamos por dia, é um momento propício para nossos filhos descobrirem quem é Deus.

Através dos olhos de meus pais

Quando eu era criança, meus pais cumpriram com êxito sua missão de apontar meus olhos na direção de Deus. Criaram, intencionalmente, ambientes para que eu conhecesse Deus de formas significativas. Minha mãe amava o esplendor da criação. Reagia aos fatos da natureza como se os estivesse vendo pela primeira vez. Seu fascínio pela obra de Deus na natureza tornaram meus olhos mais atentos ao Deus que é o artista por trás das telas de pintura da vida. Até hoje, sempre que o sol está se pondo, quero correr e contemplá-lo, porque foi assim que minha mãe me ensinou a vê-lo como uma pintura diária de Deus no céu, sem jamais ser repetida!

Meu pai interessava-se especialmente por insetos, pedras e vegetação. E dizia: "Veja os detalhes complexos deste inseto. Não é incrível o modo como Deus o fez?". Ou chamava-me a atenção para os animais criados por Deus: a girafa, a zebra e o leopardo,

152 ESPIRITUALIDADE EM FAMÍLIA

com suas pintas e listras, para que pudessem se esconder dos agressores nas matas e planícies. Ele me contou que o mar não se congelava completamente por ser salgado e que usava o sal para purificar-se. Meus pais usaram todos aqueles exemplos para me mostrar Deus como Criador — um Criador intimamente envolvido com sua criação... e que eu também faço parte de sua criação amada.

Conhecendo a voz de Deus

Em João 10, Jesus diz: "Eu sou o bom pastor; conheço as minhas ovelhas, e elas me conhecem, assim como o Pai me conhece e eu conheço o Pai; e dou a minha vida pelas ovelhas" (v. 14-15). Lembre-se dos objetivos dos pais cheios do Espírito que mencionamos no capítulo 1 — colocar os filhos no caminho do Divino para que aprendam a:

- *Ouvir* e *conhecer* a voz de Deus.
- *Desejar* obedecer a ela.
- *Obedecer* a ela no poder do Espírito de Deus (e não com a própria força).

Que ensinamentos poderosos! Há muitos jovens — em nossa igreja, em nosso bairro e em nossa comunidade — que não podem dizer que esses ensinamentos são verdadeiros para eles. Como eles não ouvem nem conhecem a voz de Deus, o produto do conhecimento — a obediência de um coração puro — se torna impossível. Não obedecemos por causa do conhecimento, mas porque temos um relacionamento com Deus!

Esse é o motivo pelo qual nossos filhos são tentados a fingir obediência para nos agradar em vez de ter um relacionamento autêntico com Deus que os capacite a alinhar seu comportamento com a vontade dele. E as outras crianças, quando não sabem discernir a voz de Deus, concluem que ele não é real e decidem abandonar a fé de vez.

Pelo fato de não entenderem a voz de Deus conduzindo-as num sentido espiritual, elas não conseguem distinguir a voz gritante do mundo daquilo que Deus está lhes dizendo. Além disso, a obediência não é uma característica comum aos jovens, por isso se torna ainda mais difícil seguir Deus. À medida que nossos filhos crescem, somente Deus e a transformação que ele traz lhes dará um coração de obediência.

A grande lição é que nós e nossos filhos precisamos aprender a entender a voz de Deus. Para isso, precisamos conhecer quem ele é. Quando aprendemos a conhecer o caráter de Deus e tudo que lhe causa tristeza ou satisfação, aprendemos a viver de acordo com a vontade dele. A Palavra de Deus e seu Espírito atuam como guias para entendermos o que significa ter uma vida de relacionamento com Deus, nosso Pai.

Mensageiros das boas-novas

Estamos falando de assuntos muito profundos e, conforme mencionamos, eles começam com o conhecimento. O apóstolo Paulo disse: "Como são belos os pés dos que anunciam boas-novas!" (Rm 10.15). Devemos ser mensageiros das boas-novas a nossos filhos. Deus enviou-nos para anunciar as boas-novas a nossa família, a nossos filhos em especial. E, quando eles as ouvem, o objetivo é que *conheçam* Deus pessoalmente. O contexto de Paulo (em Rm 10.14-15) é o ambiente do conhecimento. Embora a igreja possa nos ajudar nessa tarefa, ela não passa o tempo todo com nossos filhos para realizar a missão completa.

Meu marido e eu tivemos o privilégio de levar essas boas-novas a nossos filhos e orar com eles para aceitarem a Cristo. Jamais esquecerei aqueles momentos — as ternas orações de nossos filhos pedindo a Jesus que lhes perdoasse os pecados e convidando-o a iniciar um relacionamento com eles. Não há alegria maior que anunciar as boas-novas aos outros, especialmente a nossos filhos que amamos tanto.

Sabedoria espiritual e força poderosa

Paulo ora assim pela igreja em Éfeso:

> Peço que o Deus de nosso Senhor Jesus Cristo, o glorioso Pai, lhes dê espírito de sabedoria e de revelação, no pleno conhecimento dele. Oro também para que os olhos do coração de vocês sejam iluminados, a fim de que vocês conheçam a esperança para a qual ele os chamou, as riquezas da gloriosa herança dele nos santos.
>
> Efésios 1.17-18

154 Espiritualidade em família

E Paulo prossegue, dizendo que deseja que entendamos o poder que é nosso em Cristo e que esse poder é como "a atuação da poderosa força" de Deus que ele "exerceu em Cristo, ressuscitando-o dos mortos" (v. 19-20)! Que poder grandioso e maravilhoso! Deus, então, fez Cristo "assentar-se à sua direita, nas regiões celestiais, muito acima de todo governo e autoridade, poder e domínio, e de todo nome que se possa mencionar, não apenas nesta era, mas também na que há de vir. Deus colocou todas as coisas debaixo de seus pés e o designou cabeça de todas as coisas" (v. 20-22).

Não sei quanto a você, mas esses versículos me fascinam. E me lembram de que esse poder que nos foi dado é precedido por *conhecer* Deus (v. 17). O mesmo poder que ressuscitou Cristo dos mortos! Trata-se de um poder imenso a nossa disposição por meio de Cristo.

Meus filhos sabem disso? Tenho vivido essa verdade de forma que eles conheçam a realidade de Deus em vez da imitação barata que costumo retratar?

Nossa esperança e chamado

Conhecer Deus inclui conhecer a esperança para a qual ele nos chamou. Que excelente oração para nossos filhos! Gostaria muito que meus filhos conhecessem Deus e, por conseguinte, conhecessem a esperança do chamado que receberam — essa é a essência do motivo pelo qual cada um de nós está neste mundo.

Esse conhecimento responde às perguntas épicas: "Quem é Deus? Como ele me ungiu para viver? Qual é meu chamado? Qual é meu propósito neste mundo?". A esperança de nosso chamado, mediante o poder de Cristo, é o motivo para vivermos e respirarmos. Cada um de nós tem um papel especial a representar na grande narrativa de Deus. À medida que meus filhos crescem, vejo que essas são as questões fundamentais com as quais eles lutam. É importantíssimo que eu os prepare para saber onde buscar respostas a essas perguntas!

Conhecer Deus *versus* conhecer a respeito de Deus

Estamos criando nossos filhos num mundo que nega a verdade absoluta. No entanto, a Palavra de Deus apresenta exatamente essa verdade absoluta. Quando criamos um ambiente que sustenta e exibe a verdade de Deus, proporcionamos a nossos filhos um alicerce baseado em conhecer Deus, crer em sua Palavra e ter um relacionamento com ele por meio de Cristo. Esses são os elementos essenciais a nossa fé, e todos começam com o conhecimento de Deus.

É fácil ser levado pela onda de conhecer *a respeito de* Deus. Podemos memorizar um número imenso de versículos e fatos bíblicos e, mesmo assim, não conhecer Deus de verdade. Era o que acontecia com os religiosos da época de Jesus, e pode acontecer conosco hoje se não formos cuidadosos. Conhecer Deus precisa estar sempre no centro de tudo que fazemos.

Quando eu estava no sexto ano, meu professor da escola dominical lançou-nos o desafio de memorizar o maior número de versículos possível durante quatro meses. O vencedor ganharia uma Bíblia novinha em folha, chamada *O Caminho*. Tratava-se de uma paráfrase da Bíblia que eu realmente queria, por isso comecei a memorizar os versículos. Eu os recitava toda semana para meu professor, e ele anotava quantos eu havia memorizado. No final dos quatro meses, a vencedora fui eu!

Chegou o dia de receber o prêmio, e fui chamada para me apresentar diante da congregação na capela e receber minha nova Bíblia. Meu professor fez-me uma pergunta difícil: "Michelle, estamos muito orgulhosos de seus esforços, mas eu gostaria de saber: Você se sente diferente por ter guardado a verdade da Palavra de Deus em seu coração?". Levei um susto. "Diferente? Espere um pouco, o desafio não foi esse! Você não disse nada sobre mudança — eu achei que só precisava memorizar os versículos", pensei.

Ao fazer uma retrospectiva, sou grata por ter memorizado aqueles versículos. Até hoje, a grande quantidade da Palavra de Deus que escondi no coração teve origem naquele verão no sexto ano. Também sou grata pelo professor que observou meu orgulho em cumprir uma grande tarefa, mas queria mais de mim. Queria que eu conhecesse o mesmo Deus cujas palavras eu havia memorizado.

A verdade é essencial para conhecer Deus
Em nosso mundo, as pessoas pensam que a verdade é relativa a percepção, opinião e experiência. Em Romanos 1.25, Paulo fala da

156 Espiritualidade em família

depravação de nossa sociedade, que resulta de "trocarem a verdade de Deus pela mentira". Paulo faz apenas um alerta. Diz que o motivo para vivermos em meio a tanta desordem e imoralidade é que a verdade de Deus está clara diante de nós, mas a negamos e a trocamos por uma mentira! E, depois de trabalhar com jovens nos últimos vinte anos, foi exatamente o que testemunhei. Os jovens trocam a verdade de Deus por uma mentira — e continuarão a trocá-la, se não formos vigilantes!

Quando há um vácuo da verdade na vida de nossos filhos, eles aceitam a mentira, porque ela lhes parece mais real que todas as outras coisas. Como pais cheios do Espírito, devemos incentivá-los constantemente, lembrando-os de que existe uma Verdade com V maiúsculo. E ela se torna mais atraente quando a colocamos em prática diante deles de maneira sincera e autêntica, em tempo real. Precisamos compartilhar a verdade que estamos experimentando hoje, e não apenas narrar a verdade que aprendemos ou experimentamos dez ou quinze anos atrás.

Jesus disse que só ele é a verdade, e ninguém vem ao Pai, a não ser por ele (Jo 14.6). Além do mais, a verdade que ele oferece nos libertará (8.32)! Nossos filhos são incentivados quando começam a ver a correlação entre a Verdade, com V maiúsculo, e a liberdade. Infelizmente, a igreja em geral tem apresentado essa Verdade como um caminho que conduz à escravidão. Temos, de alguma forma, comunicado que somos incapazes de fazer coisas positivas, que estamos presos numa armadilha e que, por conseguinte, nós nos definimos por aquilo que *não* fazemos. A lista rígida dos "nãos" é escravidão.

Quando, porém, nossos filhos veem que de fato a verdade os conduz à liberdade, eles começam a provar o que Jesus quis dizer ao afirmar: "Eu vim para que tenham vida, e a tenham plenamente" (Jo 10.10). Qual o jovem que não gostaria de ter vida plena e liberdade verdadeira? Eles *correrão* para essas palavras em vez de *fugir* delas, se conhecerem o Deus que as pronunciou e se nos virem viver de acordo com elas.

A importância do conhecimento
Há ainda um aspecto muito sério do ambiente do conhecimento. Em Romanos 1, Paulo argumenta que, embora as coisas que

vemos na criação de Deus sejam suficientes para nos condenar, elas não são suficientes para nos salvar. Vivemos num mundo no qual os atributos de Deus são claramente manifestos, por isso somos *indesculpáveis*.

Assim, precisamos criar um ambiente que mostre a nossos filhos não apenas como conhecer Deus, mas também aquilo que *os salva* da condenação. E o que salva é o Cristo feito homem. O Espírito Santo entra em nossa vida para redimir aquilo que era pecaminoso e perdido, para trazer plenitude e liberdade. Como mãe, é muito importante que eu tenha certeza de colocar meus filhos em proximidade com Deus, a fim de que conheçam o Deus da verdade e, por meio dele, sejam libertos a fim de cumprir o plano de Deus para a vida deles.

Esse ambiente do conhecimento, e todos os outros ambientes, está vinculado a um último ambiente: ser exemplo de vida. Vimos que o aprendizado da fé ocorre melhor no curso natural da vida — e baseia-se no exemplo vivo dos pais.

12

EU FAÇO O QUE DIGO

O ambiente de ser exemplo de vida

Seus filhos aprenderão mais a respeito de Deus se virem você tentar aprender. Jesus disse: "Busquem e encontrarão". Nem sempre eles farão o que você lhes disser, mas serão — bons ou maus — conforme virem você sendo. Se seus filhos virem você buscando, eles buscarão — cabe a Deus a parte de fazê-los encontrar.

POLLY BERRIEN BERENDS[1]

Faça o que eu faço

Uma das características que mais aprecio em meus filhos é vê-los imitando quase tudo ou quase todos com grande precisão. Quando eles eram pequenos, eu me encantava ao vê-los imitar qualquer pessoa, desde cantores de música popular até personagens de desenhos animados. Eu achava graça, especialmente quando um deles imitava uma pessoa da família, expondo com toda clareza seu mau comportamento, dizendo tudo o que queríamos dizer e não podíamos.

No entanto, não era nada engraçado quando eles imitavam algo desagradável que observavam em minhas ações. Certa vez, depois de receber uma correção, minha filha me disse que só agiu daquela maneira porque me viu fazer o mesmo. Ela estava certa; fui pega na armadilha. Percebi imediatamente que criar um filho era semelhante a segurar um espelho grande e animado — e às vezes eu não gostava do que via!

Há ocasiões em que nem sequer percebo os exemplos que estou transmitindo a meus filhos, pois eles vivem conosco e

160 Espiritualidade em família

aprendem conosco em cada situação da vida. Alguns deles são elogiáveis. Por exemplo, meu marido e eu transmitimos a nossos filhos a habilidade de interagir com pessoas de idades, raças e culturas diferentes. Temos viajado com eles para expô-los a várias situações, exemplificando como reagimos diante de uma grande quantidade de circunstâncias.

Também lhes dou o exemplo de como manter arrumado um quarto, ao fazer minha cama todas as manhãs e guardar tudo no lugar antes de dormir. Esses pequenos atos de responsabilidade permitem que nossa casa raramente esteja desarrumada. Minha mãe ensinou-*me* esse hábito por meio de seu exemplo, deixando nosso lar convidativo e seguro por estar em ordem e limpo.

Há, no entanto, outros exemplos meus que não são muito dignos de elogio. Eu sempre pareço estar cinco ou dez minutos atrasada. Não gosto de ser assim, e hoje tento ser pontual. Porém, quando meus filhos eram pequenos, eu estava sempre atrasada e, para mim, o tempo não era prioritário. Como resultado, minha filha luta com esse mesmo problema, e é dolorido vê-la lidando com uma situação que sempre foi difícil para mim. Meu marido tende a perder a paciência com os motoristas desatentos na estrada; meu filho, que recentemente recebeu a habilitação para dirigir, parece ter a mesma frustração.

Comece pensando no fim
Talvez as crianças tenham essa característica em razão do que Paulo disse: "Portanto, sejam imitadores de Deus, como *filhos amados*" (Ef 5.1). Ele conhecia a natureza das crianças de imitar e queria que essa fosse nossa postura diante de nosso Pai celestial. Imitar Deus é sempre bom. Ele é perfeito. Não erro quando escolho me comportar como Cristo nos exemplificou.

No entanto, como mãe, sou um exemplo frágil e duvidoso disso. Meus filhos me imitam e, quer eu goste, quer não, sou o exemplo principal na vida deles durante seus principais anos de formação. É muito importante que eu entenda o papel que exerço quando sou exemplo de vida não apenas aqui neste mundo, mas também exemplo do que significa viver na eternidade. Preciso perguntar a mim mesma: "O que quero que meus filhos imitem?

Eu faço o que digo 161

E como vou dar o exemplo num ambiente que tenha esse propósito?". Preciso começar tendo em mente o fim.

Penso em mim hoje como mãe, esposa e amiga. Reconheço, cada vez mais, que reajo de muitas maneiras como minha mãe reagiria. Às vezes é intencional, e em outras só entendo por que ou como estou fazendo algo depois de muito refletir. Então, percebo que vi o exemplo de integridade, alegria ou tenacidade de minha mãe, e aquilo me serviu de inspiração.

Ao longo deste livro, já discutimos o conceito de ser exemplo vivo para nossos filhos. Vimos que, a fim de treinar nossos filhos para serem servos, precisamos ser servos para dar-lhes o exemplo. Observamos que, se formos exemplos de amor e respeito para nossos filhos quando pequenos, eles serão adolescentes que nos amarão e respeitarão, e farão o mesmo com os outros. Há um componente de exemplo em praticamente todos os ambientes. Se dermos o exemplo oposto de servir ou respeitar, ou se falharmos em qualquer um dos outros ambientes, nossos filhos terão a tendência de seguir esse exemplo e serão prejudicados.

A história do quadro branco

Em minha função de ser exemplo para meus filhos, penso mais ou menos assim:

Certa vez, peguei um quadro branco grande e escrevi o nome de minha filha nele. Escrevi todos os dias tudo aquilo que esperava que ela conseguisse fazer. Escrevi virtudes como: amar altruisticamente, mostrar generosidade, seguir Cristo, amar a Deus, ser paciente na aflição, bondosa, compassiva, persistente na oração e ter um coração puro. Depois, tentei ser exemplo dessas virtudes. Em alguns dias fui bem-sucedida e em outros fracassei completamente. Ao longo do caminho, tentei mostrar o que era verdadeiro, mesmo que não conseguisse.

Um dia, minha filha colocou-se entre mim e o quadro branco, segurando uma borracha na mão. Boquiaberta, vi quando ela se aproximou do quadro branco e apagou tudo que eu havia escrito. Eu sabia que era chegada a hora e precisava dar-lhe liberdade de escolha, mas fiquei temerosa.

Observei enquanto ela escrevia as próprias palavras. Algumas eram as mesmas que escrevi, mas outras eram diferentes. Fiquei fascinada ao ver que ela se lembrava de muita coisa que havia sido apagada. Foi então que me dei conta de que ela não apenas ouviu o que eu tinha dito, mas também observou minha conduta no decorrer dos anos. O quadro branco passou a ser dela — ela escreveu as palavras, enquanto eu observava. A vida agora era dela, mas fiz minha parte para modelá-la.

Essa história é agridoce. Recebemos um grande privilégio e temos um tempo limitado para colocá-lo em prática. Os pais cheios do Espírito reconhecem a brevidade de nossa profunda influência na vida de nossos filhos e escolhem viver de acordo com esse entendimento.

Música e letra

Há um perigo para a família que concentra a atenção no mero conteúdo e cria um ambiente no qual o conhecimento ganha de goleada, sem que ele seja acompanhado de exemplos coerentes. Quando converso com adultos jovens criados em lar cristão, sempre me surpreendo com o grande número deles que diz: "Ah, acho que essa coisa de cristão não funciona para mim". E, quanto mais tento descobrir *por que* disseram isso, mais ouço que eles conviveram com pessoas que diziam uma coisa e faziam outra.

Às vezes, essas pessoas incoerentes são os próprios pais, mas podem ser o pastor ou o líder da mocidade. Os jovens estão procurando ver se nossas palavras são coerentes com nosso modo de viver. O cantor e compositor Ted Limpic disse certa vez: "Nosso modo de viver é a música que torna crível a letra de nossa canção". Gosto dessas palavras. A canção é feita de música e letra — elas precisam encaixar-se.

Não somos pessoas perfeitas, claro. Não somos exemplos perfeitos, e nem sempre somos coerentes. Porém, nosso mau comportamento torna-se coerente com o ambiente de ser exemplo de vida quando simplesmente reconhecemos esse fato. Assim, somos exemplos quando agimos da maneira correta que Deus almeja de nós ou quando reconhecemos que nosso comportamento deixou a desejar. A sinceridade e a humildade, nessa área, fazem de nós ótimos modelos mesmo quando erramos. Isso é o que podemos chamar de pais redentores!

Um exemplo vivo

Quando eu era menina, meu pai tinha um problema com a raiva. Conforme descrevi no capítulo 10, o pai dele saiu de casa quando ele tinha 8 anos, abandonando toda a família — ele, o irmão e a mãe. No início da década de 1950, ele era a única pessoa em sua comunidade que não tinha pai.

Além disso, sua mãe vivia doente, o que o fazia sentir-se inseguro e desamparado. Ele e o irmão menor viviam com pouquíssimos recursos, embora a mãe trabalhasse em vários empregos para pagar as contas. Ele ouvia a mãe chorar à noite e chorava também.

Com o tempo, essa mágoa deve ter crescido dentro dele, transformando-se num amontoado de amargura e raiva. Sem as ferramentas da psicologia e os recursos de que dispomos hoje, ele amadureceu e tornou-se pai carregando nas costas uma enorme bagagem.

Meu pai, que era a pessoa mais gentil, carinhosa e piedosa que conheci na infância, apresentava de repente enormes explosões de raiva e ira. Aquilo me confundia. Ele era diácono na igreja e sempre me falava de Deus. Sempre descrevia quem Deus era. Orava constantemente e mergulhava na Palavra de Deus, mas tinha também aquelas explosões de raiva.

Certa noite, enquanto jantávamos em família, meu pai ficou repentinamente muito bravo com minha mãe. Pegou sua tigela de *chili* e atirou-a do outro lado da sala. A vasilha bateu na parede e espatifou-se, lançando cacos de louça e *chili* por todos os lados. Fiquei aterrorizada. Corri chorando para meu quarto e fechei a porta.

Logo depois, meu pai entrou no quarto e me viu deitada na cama. Eu devia ter uns 6 anos, e ele não disse nada; apenas se sentou a meu lado. Depois, ajoelhou-se ao lado da cama e chorou, lamentando o que fez. Em seguida, olhou para mim e disse:

— Michelle, eu não imitei Deus com minhas ações. Você me perdoa? Jesus não teria feito aquilo, eu sinto muito.

Passei os braços ao redor do pescoço dele e disse:

— Sim, papai, é claro que eu perdoo.

Sendo exemplo, mesmo cometendo erros

Penso que meu pai foi um ótimo exemplo para mim desde muito cedo, apesar de seus defeitos e erros, porque ele sempre identificava quando seu comportamento não era coerente com o de Jesus. Acima de tudo, ele me ensinou, por meio de exemplos, o que fazer quando isso acontece: conversar com a pessoa, pedir-lhe perdão e deixar tudo acertado.

O exemplo dele ensinou-me que não tenho de ser perfeita. Ensinou-me que, quando erro, preciso assumir a responsabilidade. Essa é uma parte muito importante para os pais, porque temos a tendência de pensar em *exemplo de vida* em termos de "padrão". Imaginamos que se trata de um tipo de perfeição que tentamos alcançar. Em vez disso, temos o privilégio de ser um exemplo vivo e inspirador de misericórdia quando erramos e um exemplo de misericórdia quando acertamos. Em ambos os casos somos compelidos pela misericórdia! Somos exemplos dessa verdade enquanto nossas palavras forem coerentes com os padrões de Deus.

Não é bom quando erramos e tentamos encobrir o erro. Se meu pai tivesse se aproximado de mim naquela noite e dito: "Sinto muito por ter atirado o *chili* na parede, mas você sabe que meu pai me abandonou quando eu era pequeno, sua mãe me irritou o tempo todo e eu estava cansado por não ter dormido, e fiquei preso no trânsito. Lamento muito por você ter estado no meio daquilo tudo, mas no momento estou com muitos problemas", que utilidade aquelas palavras teriam tido? No entanto, não é assim que agimos? Quantas vezes apresentamos uma lista de desculpas por nosso mau comportamento em vez de dizer a verdade e pedir perdão à outra pessoa?

O poder do Espírito

Quando penso naquele incidente com a tigela de *chili*, percebo que, ironicamente, ele se tornou uma das lembranças mais preciosas de minha infância. Por quê? Porque, a partir daquele dia, meu pai passou a ser um exemplo vivo e inspirador para mim do poder do Espírito Santo. Cada dia, cada mês e cada ano após aquele momento, tenho visto meu pai confiar no Espírito Santo para transformá-lo, tanto que hoje ele é o homem mais gentil,

EU FAÇO O QUE DIGO 165

amoroso e paciente que conheço. Não estou falando de alguém que simplesmente tem "tentado mais", mas de alguém que aprendeu a permanecer em Cristo e permitir que o Espírito Santo o transforme com o passar do tempo, para ele ser mais semelhante a Jesus. Meu pai é um testamento vivo, para mim, de que Deus é real e de que seu poder cura e transforma vidas verdadeiramente.

Quando eu era criança, minha mãe não permitia que disséssemos, simplesmente, "sinto muito", quando uma pessoa da família ofendia a outra. Ela nos obrigava a dizer: "Sinto muito; *você me perdoa?*", e precisávamos esperar pela resposta. Era estranho na época, mas, ao lembrar, fico satisfeita por ela ter reforçado esse tipo de comportamento. Era uma boa prática porque, todas as vezes, eu tinha de olhar para a pessoa da família que ofendera de alguma forma e ver que minhas ações a haviam ofendido. Tratava-se de uma prática de humildade, e ela cultivou em mim a virtude de assumir responsabilidade por minhas ações.

Essa simples prática também me permite receber graça. Pense nisto: enquanto aguardo a resposta da outra pessoa (e espero que seja um "sim"), eu me dou conta de que estou *me relacionando* com alguém que foi afetado por minhas ações. Em essência, estou dizendo: "Enquanto recebo seu perdão, quero que saiba que não tenho a intenção de fazer isso novamente e vou tentar confiar no Espírito Santo para isso no futuro".

Revestindo de fé a natureza carnal

Ser exemplo de vida é o ambiente que une o casamento aos outros ambientes. É uma união perfeita, porque o exemplo de vida demonstra como cada ambiente se revela. Nos outros ambientes, somos desafiados a conhecer quem é Deus e encorajados a viver em seu poder. O exemplo de vida nos dá a oportunidade de mostrar como ele é por meio de nossas ações a nossos filhos que nos observam.

Pense por um instante no Antigo Testamento. Ele fala muito sobre conhecer Deus. Está repleto das leis e da natureza de Deus. Revela quem é Deus! O Antigo Testamento é uma declaração do nome e da identidade de Deus. Depois vem o Novo Testamento, e Jesus é um exemplo para todos nós de tudo que sabemos a respeito de Deus, mas que nos afastava dele por causa do pecado. Jesus

166 Espiritualidade em família

veio e foi exemplo para nós do que significa ter um relacionamento com o Pai. Ele foi um exemplo vivo e inspirador. O ambiente de ser exemplo de vida responde às perguntas: "Como ponho em prática o que aprendi? Como é meu relacionamento com Deus e com as outras pessoas? Como obedeço à Palavra de Deus? Como permaneço em Cristo? Como permito que o Espírito Santo me guie?". Como pais, somos exemplos vivos e inspiradores das respostas a essas perguntas. Revestimos de fé nossa natureza carnal.

Transformação relacional
Você deve estar pensando: "Não tenho tanta certeza assim de como fazer tudo isso sozinho, por isso não sinto confiança em ser exemplo para meus filhos". Esse pensamento é comum. No início deste livro, mencionamos que é praticamente impossível passar adiante aquilo que não possuímos. Reconhecemos que a jornada dos pais cheios do Espírito é, antes de tudo, de transformação pessoal. Espero que cada um de nós nunca desista dessa busca de conhecer e seguir Deus — que nenhum de nós jamais seja tentado a acreditar que "chegou lá". Essa humildade nos permite ser líderes dignos de nossos seguidores durante a vida inteira.

Os dois conceitos de *permanecer em Cristo* e *permitir que seu Espírito guie nossa vida* são processos de crescimento espiritual. Em qualquer relacionamento, à medida que conhecemos e entendemos cada vez mais a pessoa que amamos, passamos também a entender gradativamente como reagir melhor. A vida cristã gira em torno de reagir a Deus. A partir do momento em que escolhemos entregar nossa vida a ele e aceitar o dom da salvação, oferecido por meio de Jesus, começamos a jornada de transformação relacional.

Conhecemos quem é Deus por meio de sua Palavra, e escolhemos seguir o exemplo de Jesus orando e pedindo ao Espírito de Deus que nos dê força para obedecer a sua Palavra. Em geral, quando sujeitamos nossa vida e nosso corpo às disciplinas espirituais (oração, retiro espiritual, memorização das Escrituras, meditação, jejum, comunhão com os outros, confissão, e assim por diante), começamos a entender que a autonegação e o compromisso de cumprir a vontade de Deus para conosco produzem um caminho para ouvir sua voz de uma forma que nunca imaginamos.

Buscamos Deus em oração a fim de que ele nos revele os pontos cegos e os pecados que nos impedem de ser bons pais, e reconhecemos que, sem a ajuda dele todos os dias, certamente fracassaremos. Esse tipo de dependência da oração, da Bíblia e do Espírito Santo (em vez de confiar em nossas forças) capacita-nos a ser um exemplo de vida que se submeteu a Deus para a glória dele, e não para a nossa glória.

Uma vida inteira de influência
Temos uma janela cada vez mais estreita de oportunidades para maximizar nossa influência na vida de nossos filhos. Os campos da psicologia e da sociologia afirmam que nós, os pais, somos os principais influenciadores na vida de nossos filhos desde o nascimento até os 12 anos de idade. Eu diria que isso é quase uma ciência. É como se, na véspera do 13º aniversário, a química do cérebro deles mudasse de tal forma que, de repente, o mundo, a música, a mídia e os amigos passassem a ser mais influenciadores que nós! Lembro-me de ter pensado que isso jamais aconteceria com meus doces filhos — mas aconteceu! Precisamos ser perspicazes para usar essa janela de influência e aproveitá-la enquanto nossos filhos são pequenos. Não quero repassar essa influência a outras pessoas!

Na verdade, quero ampliar minha influência na vida de meus filhos. Podemos dizer: "A sociologia e a psicologia afirmam que sou o exemplo principal para meus filhos até os 12 anos, mas, pela graça de Deus, quero exercer influência na vida de meus filhos até morrer". Sei que isso é possível porque tenho o exemplo de meus pais.

A bênção de um pai
Há alguns anos, atravessei uma fase sombria e difícil na vida, tanto na esfera pessoal como na profissional. Enquanto tomava café com meu marido numa cafeteria, comecei a chorar. Depois de me consolar e expor seus pensamentos, ele disse: "Sabe do que você precisa? Precisa visitar seu pai, ouvir suas palavras de sabedoria e receber a bênção dele".

168 Espiritualidade em família

Meu marido pegou o celular, ligou para um aeroporto nas proximidades e comprou uma passagem no próximo voo. Duas horas depois, eu estava no avião com destino a San José para ver meu pai. Apareci de repente na porta de sua casa. Ele ficou totalmente surpreso. Entrei e ele perguntou:

— Houve algum problema? Está tudo bem?

Comecei a chorar e respondi:

— Está tudo bem. Só precisava conversar com você sobre um assunto.

Veja só, lá estava eu, uma mulher de 36 anos, diante de meu pai, querendo sua bênção, querendo ouvir suas palavras sábias. Aparentemente, pelo modo como ele me criou, sua influência havia ido além de meus 12 anos. O que ele fez? De que maneira, apesar de seus erros, ele conseguiu ser um exemplo de vida para eu seguir Cristo a ponto de me fazer querer vê-lo agora, já adulta? O segredo era a autenticidade na qual ele viveu. Ele era real.

Jantamos juntos e conversamos. Ele orou por mim. Pedi sua bênção, e ele me abençoou. Despedimo-nos e cheguei em casa antes do café da manhã do dia seguinte. Estou convencida de que não devemos concordar com a ideia de parar de influenciar nossos filhos aos 12 anos! Podemos criá-los de forma que eles recorram a nós em busca de sabedoria e bênção durante a vida inteira.

Persevere até o fim
Em nossos esforços para influenciar os filhos por meio de nosso exemplo de vida, precisamos estar decididos a perseverar. Talvez essa palavra lhe pareça cansativa, pois você já está perseverando em várias áreas da vida: ensinando a criança a usar o penico, administrando o revezamento de caronas, ajudando nos deveres de casa ou lidando com os anos da adolescência dos filhos. Contudo, não podemos jamais esquecer que uma de nossas missões mais importantes como pais cheios do Espírito é perseverar.

Uma das tristes realidades de não perseverar é a tentação de nos tornarmos pais acomodados, do tipo que orienta os filhos até o sétimo ou oitavo ano e depois se *acomoda*. Dirige a atenção para a carreira profissional, para o casamento (ou fracasso do casamento), para a situação econômica — ou simplesmente não sabe o que fazer com os filhos na adolescência. Esse tipo de pai

EU FAÇO O QUE DIGO 169

ou mãe joga a toalha e, ao fazer isso, desiste de ser exemplo para influenciar o filho. Cada um de nós, pela graça de Deus, precisa perseverar o tempo todo e lutar para ter um relacionamento — um *relacionamento espiritual* — com nossos filhos!

Responsabilidade concedida por Deus

No entanto, embora eu não seja responsável perante Deus por meus filhos, ele me ofereceu graciosamente força e sabedoria para criá-los (Tg 1.4-6). Não estou sozinha. Na verdade, Deus é o criador de meus filhos. Ele os conhece e os ama mais que eu! Que pensamento incrível! Ele é o pai perfeito (ou a mãe perfeita) que me ensina como devo educá-los.

Qual é, então, minha reação à ideia de que estarei perante Deus um dia para me explicar com ele? Uma reação possível é medo. Talvez eu tenha medo de ter agido de modo errado ou de me ver em apuros diante de Deus. O medo me faz buscar respostas e força humana para não falhar.

Outra reação possível é reconhecer que minha responsabilidade é imensa e buscar Deus fielmente para pedir-lhe o poder e a sabedoria de que necessito e não possuo. Ao reagir assim, escolho confiar em Deus para conceder-me o poder de ser a mãe que Jesus seria, se ele fosse eu. Posso fazer isso lendo diligentemente a Palavra de Deus, em oração e em comunhão com outras pessoas que também desejam ser pais cheios do Espírito para os filhos. Esse modo de agir constrói uma cerca protetora a meu redor como mãe.

Nossa alma cresce espiritualmente quando temos a oportunidade de pôr em prática o que Deus está revelando num ambiente de cordialidade no qual pessoas espiritualmente maduras podem nos dizer palavras de sabedoria. Essas pessoas, talvez de nossa família ou de nossa igreja, nos dão segurança para orar com elas e lhes fazer perguntas. Pense, por um instante, nas pessoas a sua volta que possam ser exemplos de como criar melhor seus filhos.

Caminhamos pela fé

Esta é a visão que devemos ter como pais cheios do Espírito: perseveramos no amor de Cristo em nosso coração e por meio de nossas ações, confiando naquilo que só ele pode dar, e depois sendo exemplos *disso* para nossos filhos. Perseveramos, e não desistimos. Não abdicamos em favor de ninguém. Não justificamos nossos erros por causa da maneira como fomos criados ou dos recursos que não tivemos. Caminhamos pela fé e agradecemos a Deus, que confiou nossos filhos a nós em primeiro lugar. Combatemos o bom combate *todos os dias*, sabendo que não podemos ser exemplos daquilo que não possuímos.

Estes são os três aspectos principais identificados que desejamos para o desenvolvimento da fé em nossos filhos: 1) *conhecer e ouvir* a voz de Deus por meio de um relacionamento de amor e por meio de sua Palavra; 2) *desejar* obedecer à voz de Deus; e 3) *obedecer* a Deus com o poder de seu *Espírito*, não com as próprias forças. Você e seus filhos estão numa jornada espiritual juntos, não apenas durante os próximos anos, mas durante a vida inteira, se Deus assim o permitir.

Separe um tempo hoje para orar e pedir a Deus que capacite você a agir, como pai e mãe, de maneira a fortalecer tanto sua fé como a de seu filho. Talvez você queira fazer uma oração como esta:

Querido Pai celestial,

Obrigado porque me confiaste estes filhos. Obrigado por me dares o privilégio de conduzi-los a ti, embora haja ocasiões em que me sinto indigno dessa missão. Ajuda-me a ser um pai (ou uma mãe) cheio do Espírito, com olhos para ver o que consideras mais importante.

Oro para que me mostres como criar esses ambientes em meu lar e em minha vida de tal forma que reflitam a verdade de quem tu és para meus filhos. Quero que o conheçam com exatidão e de forma completa.

Que nosso lar seja um lugar onde a verdade e o amor prevaleçam, e que teus planos para meus filhos e para mim sejam cumpridos conforme nos submetemos à tua vontade. Por favor, revela o que desejas de mim e molda meu coração para que eu ouça e obedeça. Confio que teu Espírito me guiará e me dará sabedoria e poder para fazer aquilo que tu desejas.

Sou teu. Nosso lar é teu. Estes filhos são teus. Sê glorificado! Amém.

MEUS MOMENTOS "É ISSO!" DESTE LIVRO

172 ESPIRITUALIDADE EM FAMÍLIA

NOTAS

Capítulo 1

[1] *Blue Like Jazz* (Nashville: Thomas Nelson, 2003), p. 205.

[2] *Transforming Children into Spiritual Champions* (Ventura, CA: Regal, 2003 [publicado no Brasil como *Transformando crianças em vencedores espirituais*. Alphaville, SP: Ágape, 2013]), p. 12.

[3] Helen LEMMEL, "Turn Your Eyes upon Jesus", 1922 (tradução livre).

[4] *Divine Conspiracy* (San Francisco: Harper Collins, 1997 [publicado no Brasil como *A conspiração divina*. São Paulo: Mundo Cristão, 2001]), p. 57.

Capítulo 2

[1] *Passing on the Faith* (Winona, MN: Saint Mary's Press, 2000), p. 85.

[2] *Will Our Children Have Faith?* (Harrisburg, PA: Morehouse Publishing, 2000), p. 32.

Capítulo 3

[1] *Will Our Children Have Faith?*, p. 32.

Capítulo 4

[1] *Windows of the Soul* (Grand Rapids, MI: Zondervan, 1996 [publicado no Brasil como *Janelas da alma*. São Paulo: Vida, 2003])), p. 48.

[2] *Total Truth* (Wheaton, IL: Crossway Books, 2004 [publicado no Brasil como *Verdade absoluta*. Rio de Janeiro, CPAD, 2006]), p. 89.

[3] *In the Grip of Grace* (Nashville: Thomas Nelson, 1996 [publicado no Brasil como *Nas garras da graça*. Rio de Janeiro: CPAD, 2009]), p. 144.

Capítulo 5

[1] *Joining Children on the Spiritual Journey* (Grand Rapids, MI: Baker Academic, 1998), p. 37.

[2] P. 166.

Capítulo 6

[1] *The Spirit of the Disciplines* (Nova York: HarperCollins, 1988 [publicado no Brasil como *O espírito das disciplinas*. Rio de Janeiro: Habacuc, 2003]), p. 182.

Capítulo 7

[1] *Crazy Love* (Colorado Springs, CO: David C. Cook, 2008 [publicado no Brasil como *Louco amor*. São Paulo: Mundo Cristão, 2009]), p. 122.

Capítulo 8

[1] *Blue Like Jazz*, p. 107.

Capítulo 9

[1] *Finding My Way Home* (Cincinnati, OH: St. Anthony Messenger Press, 2007), p. 33.

Capítulo 10

[1] *Windows of the Soul*, p. 36.

[2] *Will Our Children Have Faith?*, p. 17.

Capítulo 12

[1] *Gently Lead* (Nova York: HarperCollins, 1991), p. 9.

Compartilhe suas impressões de leitura escrevendo para:
opiniao-do-leitor@mundocristao.com.br
Acesse nosso *site:* www.mundocristao.com.br

Equipe MC:	Daniel Faria (editor)
	Ester Tarrone
	Heda Lopes
Preparação:	Esther Alcântara
Diagramação:	Luciana Di Iorio
Revisão:	Josemar de Souza Pinto
Gráfica:	Imprensa da Fé
Fonte:	Georgia
Papel:	Chambril Avena 70 g/m^2 (miolo)
	Cartão 250 g/m^2 (capa)